Ernst Buddeberg

Heinrich Coerper

Aus dem Leben und Wirken des Gründers der Liebenzeller Mission

VLM
Verlag der
Liebenzeller Mission
Bad Liebenzell

ISBN 3 88002 341 7

3. stark überarbeitete Auflage

Umschlaggestaltung: Graf. Atelier Albrecht Arnold, Dettingen/Erms
Satz: Knipp Textverarbeitungen, Wetter
Herstellung: St.-Johannis-Druckerei, Lahr-Dinglingen
Printed in W.-Germany

Inhalt

Zum Geleit

Im 91. Lebensjahr stehend ist für mich Anlaß tiefer Freude, noch erleben zu dürfen, daß die Biographie meines unvergeßlichen Schwiegervaters Heinrich Coerper, geschrieben 1936 von Ernst Buddeberg, anläßlich seines 125jährigen Geburtstags neu aufgelegt werden darf. Der Autor, Pfarrer Ernst Buddeberg, war nicht nur in schwerer Zeit der Nachfolger meines Schwiegervaters als Leiter der Liebenzeller Mission, er war auch durch Heirat verwandtschaftlich mit ihm verbunden.

Erneut wird uns die Bedeutung Heinrich Coerpers vor die Augen gestellt als ein Mann, der unerschüttert sich zur vollen Wahrheit des biblischen Zeugnisses bekannt hat und der als Freund des weltbekannten Chinamissionars Hudson Taylor, dieser Persönlichkeit des Glaubens und der Hoffnung, die Wege für die China-Inland-Mission auch im deutschen Volk hat bahnen dürfen, wie er denn auch innerhalb der Gnadauer Gemeinschaftsbewegung im Sinne des Neupietismus unvergängliche geistliche Spuren uns hinterlassen hat.

So ist denn meine Bitte, die ich in einem hohen Alter aussprechen darf, daß Gott auch auf dieses Lebensbild Heinrich Coerpers abermals seinen Segen legen möge, um so das biblische Wort bewahrheiten zu lassen: »Durch den Glauben redet er noch, obwohl er gestorben ist« (Hebr 11, 4).

Lahr (Schwarzwald), Ende November 1987

Wilhelm Grünewald

Vorwort

Was Gott in dies Leben an göttlicher Kraft und göttlicher Frucht hineingelegt hat, davon wollen diese Blätter Zeugnis ablegen. Dieser Schatz war in einem irdenen Gefäß wie bei allen Gottesmännern. Das irdene Gefäß zerbricht im Tode und vergeht. Aber der Schatz bleibt, der auch schon in den Tagen seiner Pilgrimschaft viele reich gemacht hat, und wird, will's Gott, es über das Grab hinaus tun. Es gibt verschiedene Ausprägungen des Geistes Jesu Christi. Jede, die wirklich echt und lauter ist, hat ihr besonderes Recht in der großen Haushaltung Gottes und stellt einen Strahl der »buntscheckigen« Gnade dar, von der Paulus in Kolosser 1,27 spricht.

In einem Nachruf des Pastoren-Gebetsbundes schreibt Pastor von Sauberzweig: »Der Heimgegangene bedeutete durch seine ganze Persönlichkeit, auch wenn man in manchem nicht mit ihm zusammengehen konnte, ein Ausrufungszeichen zum Glauben unter unserer deutschen Pastorenschaft«. Das ist ein richtiges Urteil. Sein ganzes Leben und Wirken war ein Zeugnis für diese Wahrheit. Je mehr in der evangelischen Kirche Deutschlands alle äußeren Stützen brechen, um so heller wird diese Wahrheit wieder aufleuchten. Denn »nur der Glaubensweg ist sicher«.

Vielen Dank schulde ich für die Ausarbeitung des Buches der treuen Hilfe von Pfarrer Grünewald, Lahr-Dinglingen, Frau Pfarrer Coerper, Fräulein Hildenbrand, Bad Liebenzell, der langjährigen Sekretärin von Pfarrer Coerper, den Verwandten, den vielen Geschwistern und Freunden, die ihre Erinnerungen an den Heimgegangenen niedergeschrieben haben.

Bad Liebenzell, im September 1936

Ernst Buddeberg

Goldene Jugendjahre

Pfarrer Heinrich Coerper stammt aus einem Pfarrhaus am Oberrhein. Seine Wiege stand in Meisenheim am Glan, nicht fern von Bad Kreuznach. Über die Jugendjahre hat Pfarrer Coerper angefangen, etwas niederzuschreiben. Wir lassen ihn erzählen:

»Nach Gottes Willen fing ich an zu atmen in dieser Welt am 3. März 1863, vielleicht manchen zur Freude, andern aber auch als Gegenstand der Sorge. Denn solch ein kleines Kind ist ja stets einerseits Gegenstand der Freude und des Dankes gegen Gott, andererseits aber auch Gegenstand vieler Fürsorge, Arbeit und Not. Mit vollem Bewußtsein kann ich erst von meinem fünften Jahr etwas sagen. Da erinnere ich mich, daß an meinem fünften Geburtstag meine liebe Mutter Teig anrührte, damit wir auch Kuchen haben möchten. Ich sah von meinem Schaukelpferd aus zu und freute mich des Kommenden. Aber schon in diesem Jahr begann für mich der Ernst des Lebens. Ich kam im April 1868 in die Volksschule meines Heimatstädtchens. Wir hatten einen lieben Lehrer, einen kleinen Mann, der die Schlüssel zum Schulhaus verwaltete. Wenn er an unserm Hause vorüberging, so schleifte er die Schlüssel fast auf der Erde mit. Im übrigen war er aber sehr entgegenkommend und geduldig. Es begannen in diesem Jahr ernstliche Anforderungen an meinen Fleiß und Gehorsam gestellt zu werden. Meine Eltern wohnten nicht weit vom Schulhaus, so daß ich in jeder Pause schnell nach Hause springen konnte, wo mich die sorgsame Pflege meiner Mutter begrüßte.«

Der kleine Heinrich wuchs in einem größeren Geschwisterkreis auf. Seine Geschwister hießen: Fritz, Luise (Lu), Karl, Anna, Mathilde, Emilie (Mila). Schon bevor das Heinerle geboren war, starben Anna und Mathilde. Daß die Geschwister an dem kleinen Brüderchen mit besonderer Liebe gehangen haben, geht aus alten Briefen hervor. Die älteren Brüder mußten das Elternhaus früh verlassen, um das Gymnasium in Worms zu besuchen. So wuchs Heinrich vor allem mit seiner Schwester Mila auf, die ein sehr fröhliches Menschenkind war. Sie liegt in Liebenzell begraben; denn sie hat die letzten schweren Wochen ihres Lebens unter der treuen seelsorgerlichen Pflege ihres Bruders zugebracht, der die an Leib und Seele Gebeugte mit brüderlicher Liebe umgeben hat.

Assor, das Hündchen, war sein guter Freund. Im Elternhause wurde alles Gute und Schöne gepflegt, und so gab man dem Bub schon früh die Geige in die Hand. Seine Nichte, Frau Pfarrer Buddeberg, erzählte: »Ich entsinne mich noch seines schönen Striches.« Noch jung bemalte er seiner Mutter ein feines Tischchen mit Bildern, die ein Volkslied darstellten. Ein Jugendfreund von ihm erzählt: »Bei allen Spielen der Jugend war ›'s Coerpersch Henner‹ mit unter den Anführern. Seine große körperliche Gewandtheit und Stärke gaben ihm die führende Stellung. Später hat er manche Jugendstreiche wieder gutzumachen gesucht, wo er Zwetschgen und Äpfel in Nachbarsgärten ›weggestriezt‹ hatte, ein Beweis seiner gewissenhaften Treue.« Im Jahr 1877 mußte er auf eine höhere Schule, da die Lateinschule in Meisenheim keine höheren Klassen hatte. Sein Rektor gab ihm das Zeugnis, er dürfte wohl für Obersekunda vorbereitet sein; aber die Lehrer in Köln, wohin ihn seine Eltern schickten, meinten, er könne froh sein, wenn er nach Untertertia komme. Das war für ihn ein schwerer Schlag, und er wäre am liebsten davongegangen. Aber sein Vater, der neben seinem Pfarramt früher auch Rektor der Lateinschule war, verstand und würdigte die Entscheidung des Kölner Gymnasiums. Später war er froh, daß man ihn dort ließ; denn der Direktor war der bekannte Geschichtsschreiber Oskar Jäger, ein echter Pädagoge, der den Schülern die Grammatikstunde neben den Geschichtsstunden so interessant machen konnte, daß sie einem lieb und wertvoll wurden. Er wohnte bei seinem älteren Bruder Fritz, der Pfarrer in Köln-Ehrenfeld war.

An jedem Tag mußte der Knabe viermal je eine dreiviertel Stunde von Ehrenfeld nach Köln gehen, zweimal nur an den wenigen Tagen, an welchen der Nachmittagsunterricht ausfiel.

Sechs Jahre wohnte er bei seinen Geschwistern in Ehrenfeld mit seinem Vetter Gustav Coerper, dem späteren Pfarrer von Cleve, zusammen. Für die heranwachsende Kinderschar des Ehrenfelder Pfarrhauses waren diese beiden die »Onkelchen«. Sie neckten viel und machten gern Späßchen. Es wurde aber auch viel über die tiefsten und letzten Fragen disputiert, denen der Onkel Heiner damals kritisch gegenüberstand. Er hing idealistischen Träumen nach. Als er einmal mit seiner Schwägerin nach Köln ging, blieb er am Stadttheater stehen und sagte zu ihr: »Das werden die Bildungsanstalten der Zukunft sein.« Daneben war er ein tüchtiger Turner, Schlittschuhläufer und Sänger. Es war segensvoll, daß er die sechs Jahre in dem Hause seines Bruders sein durfte. Denn in ihm hatte er das Bild eines Pfarrers vor Augen, der mit seiner treuen Lebensgefährtin ein dem Herrn und der Gemeinde ganz hingegebenes Leben führte. Noch einen anderen Dienst tat später der ältere Bruder dem jüngeren: er machte ihn auf dies und jenes aufmerksam. Humorvoll schreibt er ihm: »Du hast es gut, daß du noch einen älteren Bruder hast. Ich wollte, ich hätte auch einen, der mir den Staub abbürstet.«

Nachdem er sein Abiturientenexamen absolviert hatte, wandte sich der heranwachsende junge Mann dem Studium der Theologie zu, wohl mehr aus seinem idealistischen Zug des Herzens als aus dem Drang des Glaubens.

Das Ringen in den Universitätsjahren

»An den Rhein, an den Rhein,
Zieh nicht an den Rhein,
Mein Sohn, ich rate dir gut;
Da geht dir das Leben so lieblich ein,
Da blüht dir so fröhlich der Mut.«

So beginnt er die Tagebuchnotizen, die er durch die Studentenzeit hin bis in die Zeit des Johanneums mit mehr oder weniger Ausführlichkeit beschrieben hat.

Als ein fröhlicher Student zog er zum Studium der Theologie zuerst nach Halle und genoß die goldene Freiheit des Studentenlebens in vollen Zügen. Er trat in Beziehung zu dem studentischen Gesangverein »Fridericiana«. Er schreibt: »Auf ihrem Stiftungsfest zog mich die wahre Heiterkeit der Lieder ›An den Rhein, an den Rhein‹ und ›Noch ist die blühende, goldene Zeit‹ an, und es war um mich geschehen.« Er trat in die Verbindung ein. Von Halle wurden viele Wanderungen gemacht in Gottes freie Natur. »Noch ist die blühende, goldene Zeit«, so schreibt er immer wieder darüber. Und dann heißt es am Schluß der Wanderungen: »Die Musensöhne, die lustigen Wandervögel, kehrten von überall her zur Alma mater voll heißem Wissensdrang zurück.« Er machte kleine Zeichnungen der Burgen, Schluchten und Täler, die er durchwandert hatte. Auch ernstere Töne klingen hier und da an. Etwa wenn er den alten Hoffmann in der Neumarktskirche predigen hört, schreibt er eine ausführliche Wiedergabe, um dann wieder in den Wochentagen dem freien Zug des Studentenlebens zu folgen und sich mannigfach anregen zu lassen. Im April 1884 bezieht er die Universität Tübingen. Er schwelgt ordentlich im Anblick all der schönen Berge und Burgen.

In den Pfingstferien macht er eine Tour in die Schweiz. In Tübingen scheint ihn keine Vorlesung besonders angezogen zu haben. Er geht nach Utrecht, wo er als Pfälzer ein besonderes Stipendium hat. Ernstere Töne schlägt das Tagebuch an. Er denkt darüber nach, was ein Tagebuch sein soll, und schreibt: »Es ist das Tagebuch eine Biographie und eine Selbstbiographie wieder eine schwerere Art von Biographie, und Biographie wird die höchste Art von Geschichtsschreibung. Eine Kunst, welche nur die Engel im Himmel im Buch des Lebens vollkommen üben. Soll da nicht unser Tagebuch dem himmlischen Ideal nacheifern? Ist doch im himmlischen Tagebuch kein Tag, keine Stunde, kein Augenblick eines Menschen vergessen! Sollen wir da nicht versuchen, uns wenigstens jeden Tag Rechenschaft zu geben und den Rechenschaftsbericht mit all seinen Anschuldigungen getreulich eintragen? Lernen wir nicht so am besten, wenn wir uns so täglich genaue Rechenschaft über unser Tun auch im Verein, im Verkehr mit andern geben, unsere Mitmenschen und die Welt richtig beurteilen? Und gelangen wir nicht so zu dem hohen Ziel, am besten zu dem höchsten, welches die griechische Philosophie sich stellt, zu dem: ›Erkenne dich selbst‹? Und lernen wir nicht so am besten zu dem höchsten Ziel der Weltgeschichte zu gelangen, welches uns der Apostel Paulus also verkündigt: ›Ich elender Mensch! Wer wird mich erlösen? Ich danke Gott durch Jesum Christum, unsern Herrn!‹ « Aber dann erlebt er immer wieder, daß alle guten Vorsätze des Idealisten zu Boden fallen. »Ich lasse mich«, so schreibt er, »an einem Abend zum Billard und schließlich zu Karten verleiten, welches wir, ohne auf die Zeit zu achten, bis zwölf Uhr nachts fortsetzten. Es hätte jetzt nur noch gefehlt, daß ich meinen gestrigen Entschluß, täglich ins Tagebuch zu schreiben, durch die heutige Vernachlässigung der Rechenschaft auch versäumt hätte, so wäre ein guter Vorsatz mehr hingefallen, ein Stein zum Höllenpflaster mehr gesetzt. Gott sei Dank, daß mir dies doch erspart blieb und ich den gestrigen Vorsatz nicht am zweiten Tage in die Rumpelkammer zu den andern werfen mußte, welche mir täglich vor Augen kommen und täglich zurückgeworfen werden zum großen Verfall. Ach wie gefährlich ist für den Menschen ein einziger unerfüllter Vorsatz, wie schädlich ein gebrochenes Versprechen gegen sich und andere!« — »Heute morgen«, schreibt er zwei Tage später, »stand unser Freund« — er meint sich selber — »freilich schon um sieben Uhr auf. Aber er erwachte mit allerhand Grillen im Kopf und brauchte eine halbe Stunde zum Anziehen, was schon immer ein schlechtes Zeichen ist. Denn durch solches In-den-Tag-hinein-Trödeln wird leicht ein Tag durchgetrödelt. Richtig setzt er sich hin und arbeitet bis neun Uhr mit Unterbrechungen eine Zeitung aus für die Kneipe der ›Deutschen‹ am Samstag. Dabei waren, wie er sich von den Sonnenstrahlen berichten ließ, welche gerade in dieser Zeit sich einen kleinen Besuch im Zimmer unseres Freundes gestatteten, die Augen des Dichtenden in ständiger Bewegung zwischen einem angefangenen Brief an seine Eltern und den vor ihm liegenden Zeilen.« Am 27. Oktober steht der Vorsatz: »Das Rauchen muß aufhören.«

»Das Meer gesehen!« schreibt er voll Entzücken am 29. Oktober 1884. »Es ist ja so schön, dich nicht gesehen zu haben, dich aber bald zu sehen. Jetzt haben wir die Dünenhöhe erklettert. Da — zuerst der Horizont, den dunkle Flut begrenzt — noch ein Schritt — es rauscht dein Element. Es ist gerade Ebbe. Hoch stehen die Wogen am Strand; sie schäumen und wüten und möchten sich auf uns stürzen, uns umarmen, umgarnen. Aber immer erlaubst du nur einer kleinen Schar von Wellen, das Flachufer zu bestreichen, immer wieder müssen sie mit Gewalt zurück. Da ist alles, alles ein unheimliches Leben, eine rastlose Macht. Wie Donnerrollen schallt dein Murmeln und das Murren deiner Kinder, der Wellen, wenn du sie zurückrufst. Weit, fast am Horizont, steht die Sonne; bald wird sie untergehen. Nach Norden und nach Nordosten steht die See so hoch. Ich habe das Gefühl, als müßte sie einen erdrücken. Dagegen kommt mir der Blick nach der Sonne hier viel weiter und großartiger vor. Am Strande liegen Schiffe und laden ihre Last aus, welche in Fischen besteht... Der Strand ist belebt, eine Reiterschar erscheint. Aber unbewußt von Menschentreiben schäumst du jetzt wie ehedem und wie später. Unendliches Leben — unendlicher Tod, stets neu und stets alt. Meine Gedanken über dich sind nicht geklärt. Großartiger erscheinst du mir in der Nähe, als ich mir gedacht hatte. In der Ferne habe ich dich nicht begriffen, nicht verstanden. Doch ich glaube, ich liebe dich ganz vornehmlich jetzt schon. Ach, wann werde ich dich wiedersehen?«

Am 31. Oktober wird der Seufzer wach: »Es ist wieder ein Monat zu Ende gegangen und bereits über fünf Wochen, seitdem ich hier bin, und was habe ich in der Zeit gearbeitet und was dazu gelernt?« Und verschämt stenographiert er da das erste Gebet: »Gib mir, o Gott, Deinen Heiligen Geist, die rechte Furcht in mein Herz! Die rechte Furcht ist der Weisheit Anfang.«

Hie und da erscheint in seinen Tagebuchblättern sein geliebtes Meisenheim. Er malt es mit traubentragenden Reben; ein Traubenkistchen war nämlich von daheim angekommen. Darüber schreibt er: »Vergnügter und ernster war ich schon lange nicht mehr als heute abend, und das habe ich Euch, meinen lieben Eltern, zu verdanken. Es war überhaupt ein schöner Tag. Leider kam ich nur morgens ein wenig spät ans Tageslicht und kam so nicht recht ans Wörterlernen. Aber der ganze Tag wurde in gehobener Stimmung verbracht.« Die Konzentration auf das Lernen fällt ihm schwer. Er bekennt: »Ich habe nichts Ernstes gearbeitet, weiß infolge davon nichts Gründliches, und somit fehlt die Kraft und Freudigkeit, ich möchte sagen, der eigentliche Hunger, mehr zu haben. Denn mit unsern psychologischen Eigenschaften geht es ganz ähnlich wie mit den physischen: wenn man turnt, spazierengeht oder fischt, so muß man es öfters tun, wenn es einem zur Freude, zur Erquickung werden will. Am leichtesten bleibt's beim zweitenmal stehen, an welches man oft nicht heran will. Und wie ferner der Appetit mit dem Essen kommt, so auch hier der Hunger, das Bedürfnis, die Freudigkeit, der Genuß und Nutzen erst mit der Übung. Gott segne endlich meinen Anfang zum gedeihlichen Fortgang!« Der Seufzer vertieft sich mit den Worten: »Ach hilf mir, vernimm mein Schreien! Ich kann mich nicht sammeln. Gib mir die Kraft deines Geistes, o Gott! Gib mir deine Furcht ins Herz!« Am folgenden Tag: »Ach Gott, täglich sehe ich, daß du mich in meiner schrecklichen Schwachheit demütigst und mir helfen willst. Wann aber werde ich soweit kommen, daß ich aus tiefstem Herzen sagen kann: Ich danke dir, Gott, daß du mich demütigst und hilfst mir! Hilf du mir selbst dazu; ich bin zu schwach, zu eitel.«

Dann wieder treibt ihn die Liebe zur Musik ins Theater hinein. Er sieht den »Trompeter von Säckingen« als Oper. Auch Krankheit ergreift ihn. »Durch Nieren, Rükken, Brust, Magen zieht der Rheumatismus. So bringe ich auch gar nichts fertig, als daß ich allerdings viel und gründlich auf meiner Violine arbeite. Sie fängt immer mehr und mehr an, mir großes Vergnügen zu bereiten.« Er wird ergriffen von all den Bildern der Großstädte, die ihm vor die Augen rücken. Er besucht Amsterdam. »Seitdem habe ich Holland wieder mehr schätzen gelernt. Was man in einer Stadt wie Amsterdam an einem Tage alles lernen kann — enorm! Es fördert, geht man mit offenen Augen hindurch, den ganzen Menschen außerordentlich. Das imposante Denkmal altbürgerlicher Herrlichkeit, das Stadthaus usw.«

Im Sommersemester 1885 besucht er die Universität Berlin. Er hört am ersten Sonntag den bekannten Pastor Braun in der Matthäuskirche. Die Predigt macht Eindruck auf ihn. Zum erstenmal trägt er wieder etwas in sein Tagebuch ein. »Büchlein«, schreibt er, »lange haben wir uns nicht mehr gesehen. Verzeih!« Im Wintersemester 1885/86 studiert er wieder in Utrecht und hält am ersten Advent seine erste Predigt über Offenbarung 3,20.

In diese Zeit fällt eine Duellgeschichte, die zu einer entscheidenden sittlichen Tat führte. Er war bisher immer warm und überzeugt für das Recht der Satisfaktion zur Herstellung und Wahrung der Ehre eingetreten. Nun, wo er selbst in eine Duellgeschichte verwickelt wird, kommt die erste Selbstbesinnung. Er schreibt darüber an seinen Vater: »Ich kann mit gutem Gewissen sagen, daß mir kein Gedanke ferner lag als die Furcht vor der blanken Waffe, und wenn mir der Gedanke von Furcht kam, so war es nur der, daß Gott mich vielleicht dadurch, daß er einem von uns ein schweres Übel zustoßen lasse, für mein ganzes Leben für eine mit Überlegung begangene, von mir selbst verurteilte Tat strafen werde, ja müsse... Mit ehernem, festem, unbeugsamem Schritt entwickelte sich mir die Alternative: entweder die Theologie oder die Mensur wird an den Nagel gehängt...« Mit voller Entschlossenheit sagt er die Mensur ab, selbst auf die Gefahr hin, der »Kneiferei« bezichtigt zu werden. Er zieht auch die weitere Konsequenz und tritt aus der »Fridericiana« aus. Dieser Schritt hat mächtig dazu beigetragen, ihn ganz auf die Seite Gottes zu drängen.

1886 studiert er an der Universität Bonn. Er trägt als Rheinkind in sein Tagebuch ein: »Ganz Bonn duftet nach Traubenblüten.« Die Eintragungen werden von nun an weniger persönlich. Er schreibt das Lied von Uhland ab:

»Um Mitternacht, auf pfadlos weitem Meer,
Wann alle Lichter längst im Schiff erloschen,
Wann auch am Himmel nirgends glänzt ein Stern,
Dann glüht ein Lämpchen noch auf dem Verdeck,
Ein Docht, vor Windesungestüm verwahrt,
Und hält dem Steuermann die Nadel hell,
Die ihm untrüglich seine Richtung weist.
Ja, wenn wir's hüten, führt durch jedes Dunkel
Ein Licht uns, stille brennend in der Brust.«

Und dies Licht brannte ihm jetzt still in der Brust. Im August besuchte er zum erstenmal die Wuppertaler Festwoche, dies »schwarze Schützenfest«, wie die Welt es nennt. Er macht ausführliche Eintragungen über das Erlebte. Er hört Graf Bernstorff, Baron von Oertzen, Christoph Blumhardt und viele andere. Man merkt der ausführlichen Niederschrift an, daß er alles in sich aufgenommen hat. Baron v. Oertzen meine, es sei gut, wenn die gläubigen Kreise mehr Fühlung miteinander hätten, um das allgemeine Priestertum zu praktizieren. Dies habe zwar die Reformation als Prinzip aufgestellt, aber sie habe es gerade in dieser Beziehung ganz verfehlt, indem sie die Klöster aufhob, anstatt sie zu reformieren; denn die Franziskaner und Dominikaner übten eine Art Laientätigkeit aus, ebenso die Frauenklöster. Und statt dieselben aufzulösen, hätte man sie in evangelische Bahnen hineinleiten sollen. Hätte man die Idee des allgemeinen Priestertums, d.h. eine große Arbeit eines jeden im Reiche Gottes und für die Kirche, wirklich durchgeführt, so hätte man heute eine folgenreiche radikale Reform zu erwarten. Aber man verstehe unter Kirche heute oft nur Pastor, Organist und allenfalls Küster. Man säße heute noch unter dem Notdach, worunter sich die Reformatoren, wie Luther sagt, flüchteten. Die Staatskirche mache sich so häufig einer Dämpfung der Geister schuldig. Überall regne und stürme es durch dies Notdach. Gedanken wurden in ihm angeregt, die später durch ihn in die Tat umgesetzt wurden. — Auch Blumhardt redet in ähnlichem Sinne: »Der Herr will in unserer Zeit etwas tun an unserm Volke. Es stehen gerade jetzt, scheint mir's, ganz neue Verhältnisse bevor, und wir sollen doch recht beten, daß es zum Wohl unseres Volkes ausschlagen möge. Deshalb ist es aber auch schwierig, gerade hierüber zu sprechen. Es sind ganz neue Ideen, zu welchen einem noch oft die Worte fehlen, wenn nämlich ›der Herr Himmel und Erde in Bewegung setzen wird‹. Das beste ist, man betet und muß auch nicht selbst zu viel anfangen wollen. Unser Eifer wird bald genug Gelegenheit finden, sich zu bewähren, sei es in Arbeit und Mühe, sei es in Verfolgungen. Die bequemen Zeiten sind vorbei, wo jeder Mensch gleichsam mit sich selbst zu Rate sitzen konnte. Das muß aufhören. Wir wollen vielmehr flehen: Herr Jesus, wir können nichts machen, aber wir schreien und glauben, daß du etwas tun wollest.«

Das Arbeiten wird ernster, ruhiger, gesammelter. Er

schreibt: »Der Glaube hält zwar nicht immer Leib und Seele zusammen, aber er hält die Seelenkräfte zusammen, fest hingerichtet auf das Ziel. Und diese Konzentration und Direktive bewirkt auch im Tode die Auferstehung, gibt Kraft, das Ziel des hoffenden Glaubens zu erreichen.« Im Winter 1887 finden wir ihn wieder in Utrecht. Er fängt ein Bibelkränzchen an und schreibt: »Danach Kneipe! Ich glaube, Kneipe und Bibelkränzchen passen doch nicht gut zusammen, auch nicht, wenn man sie in voller Unbefangenheit benutzt.«

Blicken wir auf die Studentenzeit zurück, wie sie in dem Tagebuch sich widerspiegelt, so war in jener Zeit bei ihm weniger ein Ringen um die großen Fragen der Theologie, um die Gewißheit Gottes, um die Frage: Was dünkt euch um Christus, wes Sohn ist er? um die Auferstehungsfrage. Es war vielmehr ein Ringen mit sich selber, ein Ringen, die Herrschaft über sich selbst zu gewinnen und in die persönliche Gemeinschaft mit dem lebendigen Gott zu kommen. Schon da zeigt sich, daß er im tiefsten Grunde auf die praxis pietatis, das ist das praktische Ausleben des christlichen Glaubens, gerichtet war. Zwei Lehrer haben tiefen Eindruck auf ihn gemacht, der bibelgläubige Professor Christlieb (Bonn) um seines Glaubens willen, der liberale Professor Valeton (Utrecht) um seines edlen Charakters willen.

In Berlin und Bonn

Im April 1887 wird Heinrich Coerper Soldat in Berlin. Es beginnt eine neue Schule in seinem Leben mit neuen Proben und neuen Fragen. Er ist dankbar, daß der Kasernenton nicht so unsauber ist, wie er befürchtet hatte. Es widersteht ihm, die Gunst der Vorgesetzten dadurch zu gewinnen, daß er sie »schmiert«. Diese Frage läßt ihm keine Ruhe, so daß er damit zu Emil Frommel geht, dem damaligen Hofprediger aus dem badischen Söllingen bei Karlsruhe, der auch alsVolksschriftsteller einen Namen hatte, der ihn in seinem altdeutschen Zimmer sehr lieb aufnimmt und berät. Er hält im Plötzenseegefängnis Wache. Das Bild erschüttert ihn. »Es war ein schrecklicher Anblick, Menschen, wie man wilde Tiere betrachtet, unter der Aufsicht eines Wärters und drei Schildwachen mit scharfer Munition in ihren Käfigen gleich wilden Tieren umherlaufen zu sehen, mit Nummern bezeichnet und beim Ausmarsch einen Visierhut vor dem Gesicht, ohne Freude, ohne Gott. Zu meiner großen Freude durfte ich durch eine Besichtigung des Gebäudes eines Besseren belehrt werden. Musterhaft, nie in dem Maße geahnte Reinlichkeit im ganzen und in den einzelnen, äußerlich freundlich erhellten Zellen, Roßhaarmatratzen, Eßgeschirr. Am meisten freute mich die Arbeit der christlichen Liebe. In jeder Zelle hängt ein Kalender und ein kleiner Aufruf: »Alle Züchtigung, wenn sie da ist, dünkt uns nicht Freude, sondern Traurigkeit zu sein; aber danach wird sie geben eine friedsame Frucht der Gerechtigkeit denen, die dadurch geübt sind.« Jeder muß ein bestimmtes Quantum täglich arbeiten und bekommt dafür so viel, daß er sich Butter kaufen kann. Ein gutes Bibliothekbuch, Schiefertafel, Gesangbuch und Bibel sind in jeder Zelle, und das ganze Leben fordert auf zur Frömmigkeit und Sinnesänderung. Gegen Ende der Wache hatte ich mit Unteroffizier W. noch ein längeres

Gespräch. Er scheint zu suchen. O Herr, laß dich doch finden! Mach es diesem Soldatenvolk leichter; es liegt mir die Not am Herzen; denn ich kenne sie einigermaßen.« In seinem Tagebuch stehen die Eindrücke, die er in reicher Weise durch die christlichen Arbeiten im Reiche Gottes in Berlin empfängt. Er bekommt ein Bild von der Weltstadt, wie es später der bekannte Dr. Baedeker von Berlin aus in einem Brief an ihn von 1892 originell wiedergibt: »Das ist ein Land, das seine Einwohner frißt; man sieht auch Riesen daselbst. Aber Kaleb stillte das Volk und sprach: Lasset uns hinaufziehen und das Land einnehmen; denn wir mögen es bewältigen. Der teure Graf Pückler steht auf dem Vorposten; aber er steht nicht allein, der Herr gibt ihm so viele Rufe in der Arbeit.« Er hört mit besonderer Aufmerksamkeit die Vorträge des Evangelisten Schrenk. Am zweiten Weihnachtsfeiertag war er des Morgens im Dom bei Kögel: »Ich hatte mir viel mehr von Kögel versprochen. Ich mußte die ganze Zeit über stehen.« Er besucht das Stadtmissionshaus, hört Graf Pückler »Am Gesundbrunnen« in einer Bibelstunde, hört im Stadtmissionshaus Stöcker, der »recht schön« über das Wort sprach: »Dieser nimmt die Sünder an und ißt mit ihnen.« — »Den letzten Teil hat man oft zu sehr vernachlässigt. Seitdem man in Berlin angefangen hat, zusammen zu essen, d.h. Gemeinschaft zu pflegen, ist es besser geworden.« Er selbst predigt auch in Berlin am 10. Juli. »Ich ziehe im Helm nach der Zionskapelle. Ich mußte mich dort umziehen.« Am Nachmittag sprach er »Am Wedding«. — »Zum erstenmal war es mir vergönnt, selbständig eine Bibelstunde zu halten, und der Herr gab mir viel Freudigkeit dazu.« Er sprach über das Wort: »Seid aber Täter des Wortes und nicht Hörer allein!« Er führte aus: »Nicht Karfreitagshörer sind wirklich Hörer, meint der Apostel, wie einer nicht Polierer ist, der einmal ein Köfferlein mit Firnis bestreicht, sondern dann, wenn das Polieren sein Geschäft ist. So hier. Weshalb sind wir Täter weltlicher Worte, dummer Lieder, die wir gar nicht mehr loswerden können? Weil sie den Herzensboden vorbereitet finden. Der Boden muß vorbereitet werden, durchgearbeitet werden durch beständiges Denken über das Wort des Herrn Tag und Nacht, bis wir Täter desselben werden. Es muß doch etwas Herrliches sein, ein Täter des Großartigsten zu werden, was es gibt!«

Der Glaubenskampf geht in dieser Zeit weiter. Er ist gläubig, aber seufzt: »Etwas fehlt mir, und ich ringe um Klarheit und Gewißheit, um ganz froh zu werden. Ich will Reichsbürger werden, Kind im Vaterhaus ganz und voll.« Ein andermal: »Am Freitag bekam ich Vaters Bild. Es ist das liebe Bild, welches mich sehr freut, in welchem besonders in den Augen und um den Mund ich aber einen größeren Grad Leidenschaftlichkeit nicht verkennen darf. Es ist insofern auch mein eigenes Bild. O Gott, verkläre du das Bild meines Vaters und mein Bild!« Am 27. Oktober ist er bei Pastor Weber. Er berichtet darüber: »Nun, Herr Jesus, ich weiß nicht, wie ich nach Hause gekommen bin. Das Gefäß will überströmen. Ich wandelte im Traum durch die Straßen. Denn ich bin froh deiner Verheißung, welche mir heute wieder nahegelegt ist: Wir sollen heilig sein! Herr Jesus, nimm mich in deine Geisteszucht, daß ich vollkommen und untadelig behalten werde! Wir sollen heilig werden — wir sind heilig. Aber durch und durch geheiligt muß ich werden. Die Heiligung hat eine negative und eine positive Seite. Die negative Seite ist die Überwindung der Herrschaft der Sünde. Wir können und müssen dahin kommen, daß wir nicht mehr mit der Sünde parlamentieren. Und die positive Seite: Die Sünde muß uns nicht mehr anfechten; ? ? [1] jedenfalls muß sie für uns nicht mehr da sein. Die Wiedergeburt ist der Anfang der Heiligung. Herr Jesus, gib, daß ich dich jeden Morgen mit gleichem Fleiß und mit gleicher Liebe ergreife, keine Minute zögere. Der Teufel muß mein Dienstknecht werden. Was er mir in den Weg wirft, werfe ich alles dir zu Füßen, daß du es heiligst.« Im Februar 1888, am Ende der Militärzeit,

---

[1] Die Fragezeichen stehen in Pfarrer Coerpers Tagebuch

sagt er: »Den Inhalt der letzten Monate könnte ich zusammenfassen in die Worte: viel Schwachheit von meiner Seite und unendlich viel mehr Güte von seiten des Herrn. Nur eins bedaure ich, daß ich seinen wunderbaren Beweisen von Hilfen nicht, wie ich gewollt hatte, jedesmal Denksteine gesetzt habe; dies stärkt den Glauben, die Hoffnung, die Liebe.« Er hofft, durch die Vermittlung von Kögel in das Domkandidatenstift zu kommen, und stellt sich bei ihm vor, ist jedoch enttäuscht, daß sein Gesuch keine Aufnahme findet.

Die Bibel wird ihm in dieser Zeit des erwachten Glaubens unentbehrlich. Er schreibt: »Nach der Andacht kaufe ich mir eine handliche Bibel. Ich drücke das liebe Buch an die Lippen und an das Herz und bitte den Herrn: Lege du mir dies Buch auf mein Herz und schreib es mir ins Herz. Jeden Tag will ich wenigstens drei Kapitel lesen. Herr, hilf du! Gib Segen! Ja, Herr, heute traue ich dir alle Tage!« Daneben geht auch das Selbstgericht weiter. Er beugt sich darüber, daß er zerfahren sei, wie sein Vater immer sagte, und daß er diese Zerfahrenheit immer noch nicht abgelegt, »nachdem ich sie mir methodisch angelernt habe. Die mangelnde Konzentration ist ein Mangel an Wahrheit gegen sich selbst und gegen andere und ein Mangel an Gehorsam. Wenn ich doch nicht so eine unwahre Natur wäre! Immer tue ich bei fast jeglicher Beschäftigung etwas nebenher, daher die scheinbare Dummheit, das schlechte Gedächtnis. Dies will ich heute beginnen, Herr Jesus, mit deiner Hilfe. Hilf mir wahr sein! Heute erfahre ich so recht etwas von dem tiefen Sinn des apostolischen Wortes Epheser 6,4: So stehet nun, umgürtet eure Lenden mit Wahrheit!«

Dann folgt die Vorbereitung auf das Examen und danach die Berufung als theologischer Lehrer an die Evangelistenschule Johanneum, die von Professor Christlieb gegründet war und ihren ersten Sitz in Bonn hatte. Er ist berufen, die jungen Brüder zu unterweisen. Dazu bittet er den Herrn: »Ja, hilf du! Du weißt auch, um was ich dich heute wieder angefleht habe und fortgesetzt anflehe, stärke mein Gedächtnis, gib mir Konzentrationsgabe, Lehrgabe schenke mir! Willst du mich aber nicht tüchtig machen, so schicke mich auf ein einfaches Dörflein, dahin, wohin ich passe!«

Am 10. November 1889, als er etwa ein Jahr am Johanneum unterrichtet hatte, machte er die Eintragung: »Sollen Blätter reden? Es wäre unmöglich, alles zu beschreiben, was der Herr an mir in dieser Zeit getan hat. Herr, Herr, ich habe dich gefunden als Weisheit sowohl als Gerechtigkeit, als auch als Heiligung, als auch als Erlösung! Was ich seitdem geworden bin, steht im Buch des Lebens.«

Pfarrer Coerper hat die Entwicklung seines inneren Lebens einmal in die kurzen Worte zusammengefaßt: »Gezogen als Kind, wiederholt erweckt als Gymnasiast und Student, als letzterer zum lebendigen Glauben gekommen.«

Die Zeit der ersten Liebe in Heidelberg

Am 1. April 1890 wurde er durch Vermittlung des Evangelisten Schrenk an die Kapellengemeinde in Heidelberg gerufen. Da war eine freie Gemeinde innerhalb der Kirche, von gläubigen Laien und Theologen gegründet, um mitten in der Hochburg des Liberalismus in Heidelberg einen Altar aufzurichten, auf dem das Feuer des alten Evangeliums von dem gekreuzigten und auferstandenen Heiland brennen sollte. Damals war Professor Frommel noch der Hauptprediger an der Kapelle, und Pfarrer Coerper durfte sein Mitarbeiter werden. Besonders segensvoll und lieblich war es, daß seine Mutter, welche seit 1888 als Pfarrwitwe in seinem Heimatstädtchen Meisenheim gelebt hatte, zu ihm zog und noch drei Jahre mit ihm zusammen wohnen und ihm eine warme Häuslichkeit schaffen konnte. Sofort wurde er »ins Wasser geworfen« und mußte schwimmen lernen.

Eine Stärkung empfing er durch ein besonderes Erlebnis. Im August desselben Jahres durfte er an der ersten Studentenkonferenz in Niesky (bei Dresden) mitwirken. Als er zurückgekommen war und wieder zu predigen hatte und gerade das Sonntagsevangelium vom Pharisäer und Zöllner als Text vorlag, »freute ich mich über diesen, wie ich dachte, leichten Text. Doch als ich anfangen wollte, ihn zu bearbeiten, wollte es mir durchaus nicht gelingen. Ich suchte Hilfsmittel herbei und konnte nichts zustande bringen. Der Herr mußte mir mein Können zerschlagen. Ich ging wiederholt auf die Knie und sagte dem Herrn: ›Du hast mir doch früher einmal auf meine Bitte jemand geschickt, um mich zu stärken; tue es doch wieder!‹ Aber diesmal mußte ich mehrere Male bitten. Als ich dann zum soundsovielten Male gebetet hatte, läutete es. Da kam eilends meine kleine Nichte (die spätere Frau Pfarrer Buddeberg), welche gerade in Ferien bei uns war, hereingesprungen und rief: ›O Onkel, zwei Herren im Zylinder!‹ Ich sagte überrascht und ein wenig befremdet: ›Wer kommt denn auch am Samstagnachmittag im Zylinder zu mir?‹ Da ging die Tür auf, und Herr Louis Werner kam herein mit den Worten: ›Ich stelle Ihnen hier Georg Müller aus Bristol vor.‹ Darauf ich: ›Seien Sie herzlich willkommen!‹ Georg Müller sagte: ›Ich danke Ihnen für diesen Gruß.‹ Ich sagte: ›Der Dank ist auf meiner Seite‹, worauf er erwiderte: ›Es ist doch sehr verschieden, wie man empfangen wird. Ich klopfte in Düsseldorf an, da hieß es: ein andermal! Ich wollte in Köln sprechen, da war kein Raum für mich; ich ging nach Mannheim, da war wiederum kein Raum — und so komme ich jetzt zu Ihnen.‹ Er war eben zur rechten Zeit mir zur Stärkung vom Herrn gesandt worden. Im Laufe des Gesprächs fragte Herr Werner, ob Georg Müller wohl die Nachmittags-Bibelstunde am kommenden Sonntag übernehmen könnte. Ich sagte: ›Vielleicht nehmen Sie besser die Vormittagspredigt, da kommen mehr Leute‹, worauf er sagte: ›Nun, wenn Sie gestatten, werde ich am Vormittag und Nachmittag sprechen.‹ Erst wehrte ich ab, weil er schon im neunundachtzigsten Jahr stand. Aber er blieb dabei: ›Wenn Sie es gestatten, nehme ich den Vormittag und Nachmittag. Seitdem ich über achtzig Jahre bin, habe ich meinem Herrn gesagt, wenn ich in der Woche so etwa zehnmal spreche, das wird wohl genügend sein.‹ Der Herr hatte mir und der Gemeinde einen großen Segen bereitet. Am Vormittag sprach Georg Müller über den Wert des Gebets und am Nachmittag über die Heilige Schrift. Ich selbst hatte noch manches Fragezeichen in meiner Bibel von der Universität her; aber ich ging beschämt nach Hause und strich die Fragezeichen aus. Ich hatte eine neue Bibel und neuen Mut zum Gebet bekommen durch das Zeugnis des lieben Gottesmannes, der wiederholt sagte: ›Seit sechzig Jahren habe ich erfahren, daß, was in diesem Buche steht, Wahrheit ist.‹ — Mit der neuen Bibel und neuem Gebet empfing ich auch neue Kraft und vertieftes Leben, was der Arbeit merklich zugute kam. So durfte ich besonders sehen, wie in wunderbarer Weise Häuser auf Gebet hin geöffnet und Familien gesegnet wurden.«

Auch viele andere Männer, deren Namen in der damaligen Zeit bei den Gläubigen einen guten Klang hatten, kamen nach Heidelberg und halfen ihm das Netz ziehen. Im September evangelisierte Pastor Röschmann unter großem Segen in der Gemeinde; ferner Pastor Dammann aus Essen, Generalsuperintendent Baur aus Koblenz, Pastor Ziemendorf aus Wiesbaden, Prediger Mehmke aus Stuttgart u.a., von denen jeder seine besonderen Segensspuren hinterließ, nicht bloß im Herzen der Gemeinde, sondern auch im Herzen des jungen Zeugen. Er fing an, in der Arbeit des Reiches Gottes die mannigfaltigsten Erfahrungen zu machen. Er erzählt: »Im Herbst dieses Jahres sollten zwei unserer jungen Leute aus dem Jünglingsverein beim Militär eintreten. Der eine loste sich frei, der andere kam nach Karlsruhe. Wir beteten viel für ihn, und er bekannte mutig seinen Heiland. Dafür mußte er aber unerhörten Spott und Anfechtungen erdulden; doch stand er fest und erwarb sich allmählich den Respekt seiner Vorgesetzten und auch seiner Kameraden. Der Freigewordene mußte später auch noch zum Militär. Wir baten ihn, er möchte doch auch wie der erstere von vornherein seinen Heiland bekennen, was er auch mit einem mehrfachen »Ja, ja« beantwortete. Aber er gehörte zu denen im Verein, die sich immer mitschleppen ließen. Er kam nach Mannheim und wollte klug sein und den Heiland nur im Verborgenen anbeten. Als er dann sah, daß das nicht ginge und daß er innerlich Schaden litt, wollte er anfangen, den Heiland öffentlich zu bekennen; aber nun verachtete man ihn, und er fand nicht mehr die Kraft dazu und mußte durch schwere, sehr demütigende Wege und Sündenfälle hindurchgehen, die weder ihm noch dem Heiland Ehre machten. Das war uns allen eine gute und ernste Lektion, und wir ließen uns dadurch aufs neue ermahnen und ermuntern, noch entschiedener zu werden im persönlichen Wandel und noch treuer im Werben für den Verein und für den Heiland, im Verteilen von Blättern und im Besuch der Vereinsstunden, welche im ›Holländer Hof‹ gehalten wurden.«

Im Herbst dieses Jahres machte er auch, durch Fräulein Römmele dazu veranlaßt, den ersten Besuch in Dinglingen bei Fräulein Maria Sprenger. Er sagt davon: »Ihr einzigartiges Leben im Liebesgehorsam gegen Jesus, wenn es auch von vielen mißverstanden wurde, gab mir ein ganz neues Licht und auch neue Anregungen zum Suchen der Kraft Gottes für ein Leben im lückenlosen Gehorsam gegen den Heiland.« In der Heidelberger Zeit hat er auch seine erste Fühlung mit England bekommen. Er erzählt: »Ich hatte von so manchen gesegneten Werkzeugen aus England gehört und gelesen, besonders von Hudson Taylor, dem Apostel Chinas, Haslam, Spurgeon und andern. Dies hatte in mir eine tiefe Sehnsucht erweckt, einmal solche Männer und das Geheimnis ihrer so offenbaren Segnungen kennenzulernen. — Nun geschah es, daß eines Tages Herr Stockmayer aus Hauptwil nach Heidelberg kam. Da sagte er im Gespräch zu mir: ›Sie sollten einmal nach England gehen. Ich werde dort in der nächsten Zeit Vorträge halten und kann Ihnen ein Logis besorgen, und Sie können an diesen Vorträgen teilnehmen.‹ Ich sagte: ›Wie gern würde ich das tun, aber meine Mutter ist so sehr gegen das sogenannte englische Christentum, und ich möchte sie nicht durch eine Reise nach England betrüben.‹ Wir sprachen und beteten darüber, und Herr Stockmayer sagte: ›Wenn der Herr es will, wird der Weg offen werden.‹ Ich sagte dann ganz zaghaft meiner Mutter, daß Herr Stockmayer mich eingeladen hätte, worauf sie erwiderte: ›Wenn du gehst, werde ich dir das Reisegeld bezahlen.‹ Eine Freundin meiner Mutter sagte: ›Wenn Sie nach England gehen, will ich Ihnen englischen Unterricht erteilen, damit Sie die Sprache dort besser verstehen.‹ Der Herr schenkte mir in England reiche Segnungen, einmal durch die Vorträge von Herrn Stockmayer über ›Die Braut des Lammes‹, dann durch die Begegnung mit Frau Baxter und besonders mit der ehrwürdigen Matrone Frau Boardman.« Er hat später davon erzählt, daß die Dame klein von Gestalt gewesen sei und daß er, der gewesene Garde-Grenadier, sich wie ein Riese ihr gegenüber vorgekommen sei. Aber bald seien die Rollen verändert worden, und sie sei bei all den Ausführungen, die das Gespräch brachte, größer und größer geworden und er kleiner und kleiner, bis er vor Gott in den Staub gekommen sei. Dann sei ihm unter den Worten von Mrs. Boardman klar geworden, daß er es in seiner Lage nicht zu tun hat mit sich selbst, auch nicht mit Menschen oder schwierigen Verhältnissen, sondern allein mit dem lebendigen Gott. Diese Erkenntnis sei ihm ganz neu gewesen, aber dann auch grundlegend für seine innere Entwicklung in der Zukunft. »Die Wirkung der geschenkten Gnade«, so sagt er, »konnte nicht ausbleiben. Als ich wieder nach Heidelberg zurückgekommen war, durfte ich merken, wie der Herr in neuer Weise das Wort segnete und gebrauchte, um den teuren Seelen zu dienen.

Im Herbst dieses Jahres wurde zur Mithilfe in der immer größer werdenden Arbeit Bruder Ewald Wüsten, im Johanneum in Barmen ausgebildet, als Stadtmissionar angestellt. Bruder Wüsten war eine sehr wertvolle Hilfe in der Arbeit. Er verstand es sehr gut, sowohl das Wort Gottes zu verkündigen als auch einzelnen Seelen zurechtzuhelfen. Wir suchten die Arbeit, so gut es ging, einzuteilen, und nachdem wir uns ineinander eingelebt hatten, zogen wir gemeinsam und einträchtig an dem Netz zur Förderung der Sache des Herrn. Wir durften die Freude erleben, daß nicht nur Erwachsene, sondern auch Kinder erweckt wurden. Beim Besuchen der Eltern der Sonntagsschulkinder kam ich einmal in ein Haus, wo im obersten Stock die Eltern von zwei Sonntagsschulkindern wohnten. Ich sprach mit der Mutter des einen Kindes, die sehr zugänglich war, und freute mich, wie offen sie für das Evangelium war und welches Verständnis sie zeigte. Ich dachte, es fehlt nicht viel, daß sie ganz durchdringt zum lebendigen Glauben. Dann läutete ich an der andern Tür. Da trat mir die Mutter von dem andern Sonntagsschulkind entgegen, eine schon äußerlich große und innerlich fast noch größere, selbstgerechte Frau. Mein Herz wollte mir verzagen, als sie mir all ihre Tugenden aufzählte, und ich dachte, was mag da noch geschehen müssen, bis diese Seele heilsverlangend wird! Doch betete ich für dieselbe. Nach einiger Zeit trieb der Herr mich, dort wieder einen Besuch zu machen. Ich dachte in meinem Herzen: du willst die erstere der beiden Frauen besuchen, bei der letzteren hätte es wohl wenig Wert, hatte sie mich doch damals etwa wie einen ganz überflüssigen Gegenstand behandelt. Als ich läutete, war die erstere Frau nicht zu Hause. Aber war ich nicht doch in dieses Haus gesandt? Ich fragte mich: »Soll ich denn etwa bei der zweiten Frau anklopfen? Nach einem Gebetsseufzer tat ich es. Als sie mir die Tür öffnete, kam es mir vor, als ob die Frau einen Kopf kleiner geworden wäre. Sie hieß mich so herzlich willkommen, daß ich sie fragte: ›Was ist mit Ihnen passiert?‹ Sie sagte: ›O kommen Sie herein! Ich muß Ihnen erzählen. Denken Sie doch, seit einiger Zeit kommen Kinder zu meiner Tochter zum Beten zusammen, und da habe ich einige Male hinter der Tür gestanden und gelauscht. Sehen Sie, so wie diese Kinder aus dem Herzen beten, kann ich es nicht. Ach ich merke, mir fehlt die Hauptsache.‹ Und dabei fing sie an zu weinen. Sie war durch die Gebete der Kinder zu einer armen Sünderin geworden, der ich das Evangelium anbieten und die zufassen konnte. So erlebten wir in der Tat unter den Kindern manche kostbare Bezeugung des Heiligen Geistes. Es war ja eine Saat auf Hoffnung, die aber vom Herrn geschenkt war und nicht umsonst gewesen ist.

Am 13. April 1893 erlebte ich den Schmerz, daß meine liebe Mutter nach kurzer Krankheit heimgehen durfte; am 16. bestatteten wir ihren Leib in Heidelbergs Erde. Ringsum blühte alles, eine große Schar Freunde war in den blühenden Gottesgarten hinausgefolgt — und ich war allein. Aber meine Hilfe war bei dem Herrn. Der Schmerz war groß. Wie vieles hatte ich doch mit meiner Mutter besprochen, auch mit ihr über so manches beten können! Aber der Gott alles Trostes tröstete mich, nicht zum wenigsten durch das so außerordentlich reiche Maß von Liebe, das mir seine Kinder und die erweckten Seelen, denen ich hatte dienen dürfen, erwiesen. Diese Liebe offenbarte sich gerade in den Tagen des Leides besonders, ein Dankeszeichen empfangener Segnungen und des hin und her durch den Geist Gottes erweckten Lebens. Auch hatte uns der Herr schon bei Lebzeiten meiner Mutter ein sehr nettes Mädchen gegeben, welches rührend für den Haushalt sorgte.«

Im Sommer dieses Jahres durfte Pfarrer Coerper eine Reise in die Schweiz machen, die ihm ähnlich wie die Reise nach England tiefen Gewinn brachte. Zuerst sah er das Ried, wo die Kraft des Herrn sich damals in besonderer Weise bezeugte an Leibern und Seelen von Menschen. »Ich konnte das Diakonissenhaus in Bern und seine Gründer, Herrn und Frau Dändliker, sowie den unermüdlichen, gesegneten Blaukreuzherold Arnold Bovet, den gesegneten Samuel Zeller in Männedorf, Herrn Stockmayer und Fräulein Emilie in Hauptwil besuchen. Mit Markus Hauser war ich mehrere Tage auf dem Beatenberg zusammen.« Was für eine Erquickung war es ihm, das göttliche Leben dieser Gottesmenschen zu sehen und dadurch gesegnet zu werden! Er durfte mit Gottes Hilfe diese Segnungen wieder weitergeben an die Glieder der Kapellengemeinde.

Auch Hudson Taylor besuchte ihn in Heidelberg 1893. Sein kindliches Vertrauen, das Freisein von dem selbstsüchtigen Eigenleben, die wunderbare Erhörung seiner Gebete, die Versorgung des ganzen Werkes der China-Inland-Mission, das er gegründet hatte, und die Erweckung und Gewinnung von vielen Seelen als Antwort auf kindliches Gebet hin machten einen tiefen, nachhaltigen Eindruck auf ihn. »Es legte sich mir die Last der Seelen, auch der Heiden, in neuer Weise aufs Herz. Zunächst wurde ich von dem Gedanken bewegt, wie ich es machen sollte, um den verlorenen Seelen in der Heimat in noch ausgiebigerer Weise zu dienen. Ich fragte mich, ob der Herr mir nicht die Aufgabe geben möchte, mich der Evangelisationsarbeit zu widmen. Ich wollte gern von Dorf zu Dorf ziehen und den Verirrten den Weg zum Herrn zeigen. Es hatten sich auch noch immer neue Orte aufgeschlossen, welche in den Bereich der Arbeit, die wir von Heidelberg aus tun durften, hineingezogen wurden. Und dies machte mein Herz noch hungriger nach solcher Arbeit. Da geschah es, daß ich eines Morgens in meinem Schlafzimmer am Fenster stand und über diesen Gegenstand nachdachte. Aber da wurde es mir innerlich ganz klar, als ob eine Stimme von oben laut geredet hätte: Du mußt zuerst noch eine Zeitlang in den Kirchendienst, bevor ich dich anderweitig gebrauchen werde. Und siehe, ganz bald darauf kam eine Anfrage, ob ich bereit wäre, einem etwaigen Ruf in die evangelische Gemeinde in Essen zu folgen. Ich glaube, ich hätte den Ruf in das »liebe, staubige Essen« schnell abgewiesen, wenn ich nicht durch den Herrn, ehe der Ruf an mich herankam, darauf vorbereitet gewesen wäre.«

Das Loslösen von Heidelberg, dieser Stätte seiner ersten Liebe, wurde ihm unendlich schwer. Aber im klaren Gehorsam gegen den Herrn, der ihn führte, riß er sich los. Am Ostersonntag, dem 26. März 1894, hielt er seine Abschiedspredigt über Jesaja 23,8: »Denn er wird den Tod verschlingen ewiglich«, und am Ostermontag über Philipper 1,9.10 und 27.

Heidelberg war eine Hochschule für den jungen Zeugen des Evangeliums, nicht nur, weil sich da alle Kräfte seines Glaubens nach allen Seiten hin ausstreckten und erprobten zum Dienst des Herrn, sondern auch, weil er mit so vielen gesegneten Knechten und Mägden Gottes zusammenkam, die alle einen Segen in sein Herz hineintrugen. So war er vorbereitet für die größere Arbeit in der Kohlen- und Eisenindustriestadt Essen.

Den Freunden in Süddeutschland war sein Weggang von Heidelberg ein Schmerz. Rektor Dietrich aus Stuttgart schreibt: »Ich war ein bißchen betrübt über diese Nachricht; aber ich bin nur ein armer Knecht, der zu dienen hat, will also für solche Sachen meinen Herrn sorgen lassen. Der Herr bereite Dir den Weg nach Essen, den Weg auch in die dortigen Herzen, den Weg auch zu einem eigenen Herd und was dazu gehört und wenn es sein Wille ist wie der meinige — auch den Weg zu einem Besuch nach Stuttgart.«

»Im lieben, staubigen Essen«

Das war ein gewaltiger Gegensatz! Er kam aus der alten Universitätsstadt Heidelberg, auf der die Romantik vergangener Zeiten lag und die in eine schöne Natur gebettet ist, in die Kohlen- und Eisenstadt Essen, wo die Rauchschlote der großen Kruppfabrik die Sonne verfinsterten, so daß man oft nur in Dunst verhüllte Sonnenstrahlen empfing.

Essen erlebte in der damaligen Zeit besondere Segensjahre. Nach langen Jahrzehnten des Kirchenschlafes war dort Pfarrer Dammann als eine Posaune Gottes aufgestanden und hatte die Schläfer geweckt. Ein gewaltiger Erweckungsprediger, der die Kirchen füllte und die Menschen aufrüttelte und zur Entscheidung führte! Seine Predigten waren auf den Grundton gestimmt: Christus, unsere einzige Gerechtigkeit vor Gott. Ihm trat nun Pfarrer Heinrich Coerper zur Seite mit der ergänzenden Botschaft: Christus, unsere Heiligung für Gott. Seine besondere Gabe und Aufgabe war es, die Erweckten weiterzuführen, tiefer in die Gnade hinein, in ein Leben zur Ehre Gottes.

Über diese Zeit hat sein Freund, Herr Kaufmann Wilhelm Böhm, einen anschaulichen Bericht gegeben, dem wir folgen:

Seine Antrittspredigt hielt er am 8. April 1894 über 1. Johannes 4,14: »Wir haben gesehen und zeugen, daß der Vater den Sohn gesandt hat zum Heiland der Welt.«

Am Mittwoch, dem 11. April, fand eine große Gemeindefeier im Saal des Stadtgartens statt. Pastor Dammann leitete dieselbe und begrüßte die neu eintretenden Pastoren Coerper und Buchholz.

Pastor Coerper knüpfte seine Rede an die Geschichte von der Speisung der Fünftausend in Johannes 6. Ihm sei es die letzten Tage immer, als richte der Herr die Frage: »Woher nehmen wir Brot?« an ihn selbst. Diese

Frage sei geeignet, das ganze menschliche Unvermögen uns zum Bewußtsein zu bringen, die ganze menschliche Verlegenheit uns ins Herz zu legen. Diese Verlegenheit erfasse auch ihn im Blick auf die Tausende von Seelen, die von seiner Hand das Brot des Lebens erwarteten. Jesus will sie alle speisen, sein Liebesauge ist gerichtet auf die ganze Stadt, auf die ganze Gemeinde, jedes einzelne Herz. Bringen wir nur unsere Verlegenheit dem Herrn, werden wir nur stille vor Jesus, legen wir unsere Aufgaben ganz in seine Hände, dann werden wir schon sehen, was er tut, und in Beugung seine Herrlichkeit bewundern dürfen. Solange wir unser Eigenes treiben, kommen wir nicht in solche Verlegenheit. Aber es gilt des Herrn Aufgabe, die Rettung der Seelen für ihn. Darum wird er auch sein Werk zum herrlichen Ende führen. Wir müssen jedoch die Hände mit aufheben, wenn wir seine Herrlichkeit sehen wollen. Der Herr gibt keinen Plan an für sein Tun; Schritt für Schritt haben die Jünger seiner Weisung zu folgen. Er will selbst ihr Plan sein, und dann gilt es still zu werden vor seinem Angesicht. Er kann nur dann seinen Plan entfalten, seine Schätze auftun und seine Gaben austeilen, wenn wir immer wieder leer kommen. Dann werden uns die Hände gefüllt. Der Verwalter der himmlischen Güter kann austeilen in reichster Fülle.

Pastor Dammann, dieser von Gott gesegnete Erweckungsprediger, war seit Jahren mit der Pflugschar durchs Land gegangen. Gott hatte ihn gebraucht als ein Werkzeug seiner Hand, zum Segen für die ganze Gemeinde. Es war eine herrliche Zeit, als in Essen die Wogen des Evangeliums hoch gingen. Kaum jemand blieb unberührt davon. Bei alt und jung, reich und arm, in den Büros und in den Werkstätten, in den Bergwerkstiefen unten in der Erde, überall war ein Fragen nach Gott laut geworden. Menschen, die lange nicht mehr oder noch nie gebetet hatten, falteten ihre Hände, und es entstand ein Leben und Bewegen in der Gemeinde, wie es nur der Geist Gottes hervorrufen kann.

In diese bewegte Zeit hinein fiel das Kommen der

beiden Pastoren Buchholz und Coerper. Sie fanden vorbereiteten Boden und durften darauf weiterbauen.

Die beiden Brüder Dammann und Coerper arbeiteten jeder in seiner Art und an seinem Platz in der großen Gemeinde Essen. Jeder in göttlicher Vollmacht. Der eine Volksredner und Erweckungsprediger, der andere ein Pfleger und Weiterführer um ihr Seelenheil bekümmerter oder noch jungbekehrter Seelen.

Ich selbst und viele meiner Freunde danken es Pastor Coerper übers Grab hinaus, daß er uns tiefer führte in den Gnadenstrom hinein, der aus dem Heiligtum fließt, bis wir nicht mehr darin stehen konnten, sondern schwimmen mußten.

Andere, namentlich die wohlhabenden Kreise der Stadt, ärgerten sich an ihm und an seiner heiligen Rücksichtslosigkeit. Sie waren »wie die Teiche und Lachen daneben, sie wurden nicht gesund und blieben salzig« (Hes 47).

Manche Brüder und Schwestern wurden zur Mitarbeit herangezogen, und es konnte nicht ausbleiben, daß immer neue Seelen in den Bereich des Kreuzes von Golgatha kamen und unter den Einfluß dessen, der sein Leben und sein Blut uns zugut in den Tod gegeben.

Ich erinnere mich mancher Stunde in Gemeinschaft von Pastor Coerper, wo wir wie in geheiligter Atmosphäre in Gottes Gegenwart weilten. Er lebte in einer vielen Menschen ach so fremden Welt. Und gerade das war es, was viele anzog, aber was auch für manche gefährlich wurde. Sie hängten sich an seine Person, fielen aber ab oder wurden wieder oberflächlicher nach seinem Weggang. Aus dieser Zeit sind viele Berufsarbeiter im Reiche Gottes hervorgegangen.

Es würde zu weit führen, wenn ich einzelne Erlebnisse aus seinen Bibelstunden anführen wollte. Nur eins sei erwähnt, daß einmal ein junges Mädchen, während Pastor Coerper sprach, in einen krampfartigen Zustand verfiel und natürlich die Aufmerksamkeit dei ganzen Versammlung auf sich richtete. Pastor Coerper glaubte darin einen Betrug des Feindes zu erkennen, fuhr sie sehr scharf an und forderte sie auf, dieses Theaterspiel sofort aufzugeben. Daraufhin beruhigte sie sich, und die Stunde konnte ordnungsmäßig zu Ende geführt werden. Sie hatte wohl erwartet, von ihm freundlich bei der Hand genommen und hinaus, etwa zur Erholung in seine Wohnung geführt zu werden. Er hatte aber den Betrug Satans sofort erkannt.

Für gesellschaftlichen Verkehr hatte Pastor Coerper keine Zeit. Seine Zeit gehörte dem Herrn, und sein Tag war kein »Achtstundentag«. An der Tür seines Studierzimmers standen die Worte: »Meine Zeit gehört Jesus.« So weit Herr Böhm.

Eine Missionarin, die die Essener Zeit miterlebt hat, erzählt ergänzend: »Der Blaukreuzverein hatte bald herausgefunden, daß der neue junge Pastor ihnen dienen könnte, und wählte ihn zum Vorsitzenden. Es kam in demselben zum Blühen und Fruchtbringen. Eines Sonntagnachmittags hörten während eines Spaziergangs meine Kollegin und ich Gesang. Wir gingen dem Haus zu, aus dem er klang, und traten ein. Eine mäßig besuchte Versammlung wurde gerade entlassen. Wir hörten nur noch den neuen Pastor bekanntmachen, daß, wenn man Trinker wisse, man ihm die Adresse bringen möchte, er wolle sie gern besuchen. Das war etwas für uns; denn unser Prinzipal war ein solcher, dreißig Jahre lang schwer mit Ketten gebunden. Unendlich viel Jammer und Herzeleid war mit dieser Sünde über die Familie gekommen. Nach Hause zurückgekehrt, erzählten wir unserer Prinzipalin, was wir entdeckt hätten, und fragten, ob sie erlaube, daß wir Pastor Coerper bitten dürfen, ihren Gatten zu besuchen. Sie stimmte gern zu, und ich brachte die Adresse ins Pfarrhaus. Bald darauf kam Pastor Coerper in unser Haus und fragte nach Herrn N. Er traf ihn nicht daheim. Andern Tags kam er früh am Morgen, aber Herr N. war schon wieder fort, um seine Begierde zu befriedigen. Dann kam Pastor Coerper am nächsten Tag schon vor sieben Uhr morgens und konnte länger mit ihm sprechen, ihn auch in die Blaukreuzstunde einladen. Zu seiner Ermutigung gingen seine liebe Frau und wir jungen Mädchen mit. Obwohl er in dieser ersten Stunde bald davongelaufen wäre, hat er doch nachher keine versäumt; und als er nach einigen Monaten einmal heilverlangend und hilfesuchend zu Pastor Coerper ging, kam er glückstrahlend heim als ein Erlöster und Befreiter und brauchte von der Stunde an keinen Tropfen Alkohol mehr zu trinken. So konnte Pastor Coerper sehr vielen ein Wegweiser zum vollen Heil in Jesus sein.«

Die Kirchen, in denen er predigte, waren überfüllt. Am Schluß des Gottesdienstes lud er oft ein, zur Nachversammlung in sein Haus zu kommen. Dort faßten die Räume die Zuhörer nicht alle. Man stand im Flur und saß auf der Treppe. Es waren herrliche Erweckungszeiten. Daß der Feind der Sache Gottes sich auch aufmachte und Staub aufwirbelte, ist erklärlich. Er hatte auch seine Helfer, die das lodernde Feuer löschen wollten. Pastor Dammann aber stand dem eifrigen jungen Kollegen treu zur Seite, und seine Frau und Töchter besuchten gern Pastor Coerpers Stunden und Gottesdienste.

In seinem großen Bezirk hatte Pastor Coerper den Grundsatz, möglichst Haus für Haus zu besuchen.

Für die Kinder hatte er ein warmes Herz, waren es doch drei Sonntagsschulen, die er betreute und deren Helfer und Helferinnen wöchentlich in seinem Hause zur Vorbereitung zusammenkamen. Die Konfirmanden und Konfirmandinnen lagen ihm sehr am Herzen, und noch nach seinem Fortgang stand er im Briefwechsel mit ihnen.

Ein Konfirmand von damals schreibt über seine Jugendarbeit:

»Ehe noch Herr Pfarrer Coerper nach Essen kam, war die Brüdergemeinde unter dem gesegneten Prediger Grennert recht tätig in der Stadt. Diese Gemeinschaft hatte eine Bibelstunde begonnen im Osten der Stadt und auch manche Jungen gesammelt, die ganz aus sich selbst einen Gesangchor anfingen. Dieses Singen hatte noch keinen weiteren Wert, man sang eben nur. Da hieß es eines Tages, wir wollen heute bei Pastor Coerper fragen, ob wir nicht einmal in der Sonntagsbibelstunde singen dürfen. Gesagt, getan. Und die Sänger finden herzliche Aufnahme nicht nur zum Singen in der Bibelstunde, nein — fortan war nun unser ›Vereinslokal‹ in der Wernerstraße. Wir fanden auch bald einen guten Dirigenten; denn Frau Pastor Coerper nahm an allen Arbeiten und allem Geschehen in der Gemeinde völligen Anteil. Wir waren also von Stund an in bester Obhut und Pflege, und dazu hatten wir noch ein so herrliches Unterkommen. Jetzt bekamen die Sänger auch ihre Aufgabe. Der Bezirk war groß, Kranke gab's reichlich. Und wie gut und nützlich diese kleine Schar verwendet wurde! Von Zeit zu Zeit sangen wir in den verschiedenen Häusern der Stadt, wo die Kranken des Bezirks waren, die überhaupt nirgends hingehen konnten. Evangelium auf diese Weise auch diesen Armen! Es war ja überhaupt eine besondere Gabe unseres Pfarrers, daß er alles verwenden konnte im Reiche Gottes und auch die Kinder mit in diesen Dienst stellte. Daß so diese Knaben voll Begeisterung in der Gemeinde bei mancherlei äußerlicher Arbeit mithalfen, ist nur zu naheliegend. Wie denkt man gern zurück an diese erlebte Kindheit in solcher Obhut und Erziehung! Wie war man pünktlich zur Stelle, wenn etwa zur Weihnachtszeit der Armen gedacht wurde und wir Jungen die Geschenke und Weihnachtsbäumchen in die Krankenstuben tragen mußten, besser: durften! Wie sprach sich auch jenes Erleben in der Gemeinde herum, als ein Trunkenbold seine alte Mutter nicht mehr haben wollte und nun der Pfarrer für das arme Mütterlein ein anderes Unterkommen irgendwo in der Gemeinde suchte und fand! Ehe wir dann mit unserm Ziehkarren zu dem Trunkenbold hingingen, um die armseligen Habseligkeiten des armen Mütterleins zu holen, unterrichtete uns unser Pfarrer, auf der Hut zu sein; denn es könnte möglich sein, daß wir glatt an die Luft gesetzt würden, ohne die paar ›Klamotten‹ zu bekommen. Es machte einen lebenslänglichen Eindruck auf uns, wie dann unser Pfarrer niederkniete mit uns und sonderlich für den Trunkenbold betete. Und wir waren glücklich, als nun der Angriff gelang. Übrigens bekehrte sich jener

Trinker, und das Mütterlein brachten wir bald wieder in ihr altes Heim zurück.«

Dreieinhalb Jahre hat Pfarrer Coerper in Essen mit Einsatz seiner ganzen Person gearbeitet; da wuchs ihm die Riesenarbeit äußerlich und innerlich über seine Kraft. Der große volkskirchliche Apparat war der innersten Natur von Pastor Coerper zuwider. Die Taufen, Trauungen und Beerdigungen in der Großstadtgemeinde, besonders die Massen-Abendmahle, machten seinem Gewissen Not und preßten ihm manchen stillen Seufzer vor Gott aus. Als ein Ruf aus der Weite der Großstadt in die Enge als Diakonissenpfarrer nach Straßburg kam, sah er diesen Ruf als Gottes Wink an. In seiner Abschiedspredigt über 1. Johannes 1,7: »So wir aber im Lichte wandeln, wie er im Lichte ist, haben wir Gemeinschaft untereinander«, führte er aus:

»Wenn ich die vorhandenen Umstände unserer teuren Gemeinde betrachte, so ist mir dies besonders schmerzlich und auffallend, daß so viel Redens von Gnade und von Vergebung und vom Blute Jesu Christi vorhanden ist, aber daß so wenige wirklich im Lichte wandeln und ein Freiwerden von der Sünde rühmen dürfen. Dies liegt überhaupt tief im ganzen Wesen und in der Erscheinung unserer Kirche. Der Weltgeist ist vor Jahrhunderten darin eingezogen und bildet die herrschende Macht. Die Kirche ist in falsche Bahnen gekommen, weil sie geglaubt hat, Ehre bei der Welt nötig zu haben oder die Hilfe derselben, und da ist sie abgezogen nach Ägypten, und scheinbare Helfer wurden bald ihre Beherrscher. Aber die frommen Formen, die leeren Schalen sind der Kirche erhalten geblieben. Und wie das Bild der Kirche überhaupt, so ist auch im großen und ganzen das Bild der Gemeinde Essen insbesondere. Ich habe gesucht, in derselben das Bild einer wahren Gemeinde zu zeigen und darzustellen, da ich doch als Hirte der Gemeinde berufen war. Aber abgesehen von den großen Widerständen von seiten der Welt und der mit dem Weltgeist durchtränkten Christenheit, ist auch die Tatsache des Vorhandenseins unvollziehbarer Aufgaben ein ungemeines Hindernis. Ich weiß nicht, ob selbst, wenn ich nie eine Stunde anders verwendet hätte, als es der Heiland gewollt, es möglich gewesen wäre, in den drei Jahren meines Hierseins alle Glieder meines Bezirks auch nur einmal wirklich seelsorgerlich als Hirte zu besuchen, abgesehen davon, daß die meisten Gemeindeglieder ja noch gar nicht zu den Schäflein Christi gehören. Es war mir oft zumute wie einem, der einen hohen Berg ersteigen soll, dem aber seine Lunge völlig den Dienst versagt. Die Aufgaben solchen Gemeinden gegenüber sind unendlich, und der Gesamtgemeinde gegenüber das Hirtenamt ausüben, das kann niemand; ich konnte es nicht, und meine Kollegen können es auch nicht. Wie manches Haus mußte es mir sagen: Du hast mich noch nie von innen gesehen; wie mancher Kranke und wie manches Gotteskind sagten: Wir meinten, Sie hätten uns ganz vergessen. Aber das war kein Vorsatz oder Plan oder Vergessen, sondern es waren unerfüllbare Aufgaben, welche vor einem lagen, es war Not, es war Zwang der Verhältnisse. — Und weiter läuft das große Rad der Zeit, der Arbeit, des Erwerbes und des Suchens nach Vergnügen und Lebensgenuß, und Tausende sinken ins Verderben, ungewarnt — auch in Essen.

Man hat mir Einseitigkeit vorgeworfen; man hat mir gesagt, ich bräche alle Brücken ab für die Welt. Aber kann man völliger die Brücken abbrechen, als es der Apostel tat, wenn er sagt: ›Es sei ferne von mir, mich zu rühmen, denn allein von dem Kreuze Christi, durch welches mir die Welt gekreuzigt ist und ich der Welt.‹ Und: ›Habt nicht Gemeinschaft mit den unfruchtbaren Werken der Finsternis, strafet sie aber vielmehr!‹ O Freunde, ich muß auch einseitig sein, und ich will es sein! Ich will einseitig nur auf der Seite meines Heilands erfunden werden, und ich denke, manche haben dieses gemerkt und haben es gebilligt; vor dem Gewissen derer aber, welche zwischen Gott und der Welt schwanken wollen, will ich auch gar nicht gerechtfertigt werden. Unser Heiland hat gesagt: Niemand kann zwei Herren dienen.«

Im Schlußgebet sagte er: »Herr, unser Gott, wir danken dir, daß du es nicht verschmäht hast, dich zu uns herabzuneigen. Du hast unsere Schwachheit angesehen und wußtest, was für ein Gemächte wir sind. Auch das mancherlei Zurückbleiben hinter deinen Gnadengedanken hast du gesehen. Ich bitte dich, laß jeden Gedanken und jedes Wort und alles, was von mir gedacht, geredet und getan wurde in dieser Gemeinde anders als aus dem Triebe deines Heiligen Geistes, vergeben und mit dem teuren Blute Jesu bedeckt sein. Gib aber auch mir und all den teuren Seelen in dieser Gemeinde und deinem ganzen Volk auf Erden, daß es die ganze Kraft dieses teuren Blutes Christi im Glauben in Anspruch nehme, damit es rein werde und sein Wandel der Wandel eines heiligen, erlösten, dir wohlgefälligen Volkes sei, tüchtig zu allen guten Werken.«

Die eigene Familie

In dem Tagebuch der Studentenzeit stehen einmal die Worte: »Beim Klavierspielen dachte ich darüber nach, daß doch mehr Hausgemeinden entstehen möchten! Ein herrliches Lied, würdig am Hausaltar gesungen zu werden, ist das in meinem neu erworbenen Choralbuch: ›Ich und mein Haus, wir sind bereit.‹ O du unerforschlicher Vater, solltest du mir jemals Vaterrechte schenken und solltest du mich zum Priester einer Hausgemeinde machen und mir und den Meinigen einen sangesfähigen Mund schenken, dein Lob sei das erste und letzte, was in meinem Haus ertönt!«

Frau Coerper erzählt von ihrer Verlobung:

»Auf einem Gut bei Biel in der Schweiz, dem Ried, wohnte die Künstlerfamilie Robert, die ein Herz und offenes Haus für die Reichsgottessache hatte. Aus dieser Familie stammten die auch über die Grenzen der Schweiz hinaus bekannten Maler Leopold und Paul Robert.

Der älteste Sohn, Pfarrer A. Robert, war damals Seelsorger auf einem Dorf im Jura, wo viel Trunksucht herrschte. So nahm er die Blaukreuzarbeit besonders aufs Herz. Von dieser Arbeit hörte Pfarrer Coerper, und er wünschte sehr, Pfarrer Robert persönlich kennenzulernen. Sein Wunsch sollte sich erfüllen, als er seine Mutter zum Kuraufenthalt nach Davos brachte und auf der Heimreise im Ried vorsprach. Da mußte er hören, daß Pfarrer Robert kurz vorher heimgegangen sei. — Die Witwe und die Kinder waren jedoch da, und als die Großmutter die Kinder aufforderte, dem deutschen Herrn die Hand zu geben, ahnte derselbe nicht, daß eines der beiden Mädchen einmal die Gefährtin seines Lebens werden sollte.

Nach Jahren traf er die beiden Töchter wieder in dem Heim von Fräulein Sprenger in Dinglingen. Von Heidelberg kommend, kehrte der junge Pfarrer dann und wann in diesem Hause ein, um sich dienen zu lassen von dieser erfahrenen und reichgesegneten Magd des Herrn. Viele Fragen beschäftigten den jungen Theologen, der im Begriff stand, sein neues Amt in Essen anzutreten. Evangelist Schrenk hatte ihm geraten, sich jetzt zu verloben. Und in Dinglingen fand er die Lebensgefährtin. — Am Abend, als die Frage an die ahnunglose Tochter gestellt wurde, sah diese ihre Pflicht gegen die verwitwete Mutter im Vordergund, und sie konnte nicht gleich ›Ja‹ sagen. Ein Telegramm: ›Mütterliche Pflichten rufen dich‹ brachte die Mutter in Eile herbei, und in aller Stille wurde am 31. März 1894 die Verlobung gefeiert. Am selben Abend reiste der Bräutigam ab, um am andern Tag in Essen seine Antrittspredigt zu halten.

Mancher Besuch und manche Stunden der Gemeinschaft wurden dem Bräutigam geschenkt in Dinglingen sowie auch in der Schweizer Heimat, bis der 18. September 1894 sie verbinden sollte, gekrönt mit unendlich viel Segen und Barmherzigkeit ihres Gottes, zweiundvierzig Jahre lang. — In dem trauten Landhaus, wo sich die Herzen gefunden hatten, fand die Trauung statt durch seinen Bruder, Pastor Fritz Coerper. Von Nord und Süd waren die Verwandten hergeeilt, und es waren zehn Kutschen nötig, um die Gäste zu dem Festmahl zu bringen, das in Ettenheimmünster im tiefen Schwarzwald auf alle wartete. Mit dankbarem Herzen reisten die Lieben am andern Tag alle ab. — Der Einzug in die neue Heimat Essen barg lauter Überraschungen für die junge Frau. Liebe Freunde hatten das Pfarrhaus in der Wernerstraße mit Liebe geschmückt, und das Einleben war nicht schwer, trotz der großen Versetzung aus den Schweizer Bergen. Eine liebe Freundin hatte zur Hochzeit den Spruch geschenkt:

Du liebes, staub'ges Essen,
Ich kann dich nicht vergessen;
Denn dort gibt's mehr zu holen
Als Staub und Stahl und Kohlen.
Dort gibt's bekehrte Sünder,
Die sind nun Gottes Kinder.«

Es war Pfarrer Coerper ein großer Ernst, seine eheliche Verbindung ganz einzuordnen in die Arbeit des Reiches Gottes. Er wollte nicht neben der Reichsgottesarbeit noch ein privates Familienleben zu seiner Gemütlichkeit haben, sondern er wollte eine Verstärkung seiner Glaubensposition und seiner Arbeit im Reiche Gottes gewinnen.

Seine Gattin wurde die unermüdliche Gehilfin seiner Arbeit, besonders später in Bad Liebenzell. Ohne ihre praktische Tatkraft hätte er die großen Lasten nicht tragen können.

Vier Kinder wurden ihnen in Essen, Straßburg, Hamburg und Liebenzell geschenkt: Elisabeth (verheiratet mit Pfarrer Grünewald in Lahr-Dinglingen), Samuel (vom Herrn im dritten Lebensjahr heimgerufen), Johannes (Arzt in Meisenheim), Ruth (verheiratet mit Pfarrer Höfker in Siegen). Alle drei Kinder sind inzwischen verstorben.

Er hat seine Kinder selbst getauft. Gefragt nach dem biblischen Recht der Kindertaufe, hat er geantwortet: »Es ist bei der Taufe gewiß nicht entscheidend, wieviel Erkenntnis ein Mensch besitzt, sondern die große, entgegenkommende Gottesgnade ist das Maßgebende. Gerade daß ein Kind gewissermaßen ausgeschaltet wird von jeder Mitwirkung, versinnbildlicht sehr gut die Bedeutung der Taufe. Denn die Kindertaufe nimmt dem Menschen alles eigene Mitwirken und bleibt nur ein Gnadenangebot Gottes.«

Bei der Taufe seiner Enkelin Almuth Höfker am 9. Januar 1928 sagte er im Anschluß an Markus 10: »Er herzte sie und legte die Hände auf sie und segnete sie. Er nahm sie an sein Herz. Die Jünger sollten wissen, daß den Kindlein das Heilandsherz gehört, und die Kindlein selbst sollten das auch wissen. Ach, wer kann ausdenken, was es heißt, des Heilands Herz zu besitzen und damit seine unaussprechliche, machtvolle, wirksame Liebe! O du Heilandsherz, du mögest auch diesem Kindlein früh offenbart werden! Möchte nur nichts daran hindern dürfen, daß das Kostbarste, was es überhaupt gibt, die grundlose Heilandsliebe, in seinem Herzen offenbart wird!«

Bei der Trauung seines Sohnes Johannes, des Arztes, hielt er in der Nachfeier eine kleine Rede, die auch heute noch allen jungen und alten Ehepaaren etwas zu sagen hat:

»Wenn ich auch hier bei der Nachfeier einige Worte reden darf, so möchte ich dieselben anknüpfen an eure beiden Namen, aber an die ungekürzten und an ihre Bedeutung. Johannes bedeutet:

Jahwe ist gnädig, er erbarmt sich, er ist eine liebliche Hilfe. Und Margarete bedeutet: Perle. Eine Ehe kann und soll ein kleines Paradies auf Erden sein.

Dazu wird es wesentlich beitragen, wenn du, liebe Margarete, eine wirkliche Perle bist, die da allezeit leuchtet mit mildem, lieblichem Glanz. Wenn du dies recht sein willst, dann gilt es, so wie die Perle tief im Grunde des Meeres ihre Gestalt gewinnt, dich tief hinein zu versenken in die Gnade und Liebe des Herrn; da denket an den Namen Johannes mit seiner Bedeutung. Nehmt euch Zeit, euch in die liebliche Gnade zu versenken, damit ihr nicht ein Leben führen müßt, gehetzt und gedrängt von den Dingen dieser Welt, wobei man nicht mehr zur Selbstbesinnung kommt und wobei bald dem Leben der himmlische, paradiesische Schmelz und Wohlgeruch fehlt, der doch das Lieblichste im Leben ist. Darum nehmt euch Zeit zum Beten und auch zum Hören der Stimme Gottes im Worte Gottes!

Es ist viel Kraft nötig, um in der Wahrheit einander stets Liebe entgegenzubringen, volle Liebe. Lieben heißt: sich in den Platz des andern zu versetzen, seine Lasten verstehen und tragen helfen. Wie manche Last wird wohl dem jungen Ehemann aufgelegt werden durch die Nöte, welche ihm begegnen, auch durch das Ungute, mit dem er es zu tun haben wird! Da mußt du mit dem Glanz einer wahren Perle leuchten und seine Last liebend verstehen, auf dich nehmen und tragen helfen. Andererseits wird es auch im Leben der lieben Hausfrau im Haushalt, etwa in den Beziehungen zu Patienten, zu Besuchern, zu Dienstboten und in dem vielen, was an das Haus herankommt, für die liebe Margarete viel zu tragen geben; da mußt du, lieber Johannes, die Kraft der Gnade anziehen lernen, um ihr mit doppelter Liebe zu begegnen, um die Last wegtragen zu helfen.

Seid einander die besten Freunde, die gegeneinander mitteilsam sind, die keine Geheimnisse voreinander haben, die nie etwas hinter dem Rücken des andern reden oder tun, was der andere nicht wissen soll, oder was ihm gar nachteilig sein könnte, es seien denn Berufsgeheimnisse oder kleine Überraschungen, die vielmehr das Leben verschönern.

Aber wenn eure Ehe so durchleuchtet sein soll von dem stillen, lieblichen Glanz der himmlischen Liebe, und wenn ihr auch diese kurzen Ratschläge zu eurem Heil beobachten wollt, dann nehmt die Gnade des Herrn in Anspruch, von der gesagt ist, daß sie viel mächtiger ist als die Sünde und Selbstsucht; sie gibt Kraft zur Selbstverleugnung, und eine solche ist unentbehrlich, wenn es lieblich zugehen soll. Und wenn jemals eine Entgleisung stattfinden sollte, die den Perlenglanz stören möchte, o so sucht alsbald die Gnade, sucht bei Jesus, der euch liebt, die Kraft, einander erneut Vertrauen, Verständnis und Freundlichkeit entgegenzubringen. Erweist euch Liebe nicht zum wenigsten beim jedesmaligen Abschiednehmen und beim Heimkommen.

Auch da, wo eins meint, dem andern oder vielleicht auch dem Dienstboten oder andern Leuten etwa einmal eine Belehrung oder gar eine Zurechtweisung zuteilwerden lassen zu müssen, so hüllt diese Erinnerung ein in eine Anerkennung und Freundlichkeit, so wie wir auch in der Heiligen Schrift belehrt werden; tut dies in Kraft der Gnade, so wird der liebliche Glanz hervorbrechen, wohltuend, beruhigend, fördernd, euch selbst zur Freude und zum Heil und auch den andern. Ich las einmal ein schönes Verslein, das lautet:

... und beide so behutsam sein,
als wollten's erst einander frei'n.

Der liebliche Glanz der gottgeweckten Liebe aber möge euch nahe sein, euch selbst zur Freude und zum ewigen Gewinn und Segen!«

Diakonissen-Pfarrer in Straßburg

Es ist für einen originalen Zeugen Jesu Christi nicht leicht, in ein seit langen Jahren geprägtes Werk hineinzugehen. Es ist selbstverständlich, daß er es gern nach seinen Idealen umprägen möchte; aber an den Widerständen wird sich der Wille und Wunsch immer wieder sehr einschränken müssen. Darum ist es zu verstehen, daß Pfarrer Coerper in der Arbeit des Diakonissenhauses nicht ganz befriedigt wurde, zumal der Vorstand ihm kein volles Verständnis entgegenbrachte. Aber mit edlen Christen kam er dort in Berührung, mit den beiden Schwestern Affolter, Fräulein Berger, einer Französin, Herrn und Frau Direktor Nieden und vielen andern, die für seinen Dienst sehr dankbar waren. Am 1. Mai 1897 trat er seine Stellung an.

Eine Diakonisse aus jener Zeit erzählt: »Im Unterricht für die Probeschwestern beleuchtete er uns das Dienen im Sinne der Heiligen Schrift und fing an mit Matthäus 4,10: ›Du sollst Gott allein dienen.‹ Auf die Lehre folgte dann die Anwendung. Wenn etwa Pfarrer Coerper bei einer Schwester im Speisesaal stehenblieb und sie fragte: ›Für wen decken Sie eigentlich den Tisch?‹, oder wenn er auf die Näharbeit deutete: ›Für wen machen Sie die Arbeit?‹, und wir antworteten: ›Für den Missionsverkauf‹, dann wiederholte er seine Frage: ›Für wen?‹ Da kam es uns dann zum Bewußtsein, wie wenig wir das noch auslebten, was wir gelernt hatten, wirklich alle Einzelheiten unseres Tagewerks für den Herrn zu tun. Er sprach mit heiligem Ernst über Menschendienst, Selbstsucht, Dienen aus Ehrgeiz, um geehrt zu werden, ja, wie es auch in der Hölle weiße Hauben geben würde, die dem Teufel dienen. Nicht immer wurde es verstanden von den Schwestern. Aber dann zeigte er wieder, welche Seligkeit es sei, wenn ein erlöstes Menschenkind dem Heiland aus Dankbarkeit und Liebe diene. Mit Fleiß hat er uns in die Heilige Schrift eingeführt, die Evangelien, die Apostelgeschichte, die Episteln, die Offenbarung und in weiteren Jahrgängen in die Bücher des Alten Testaments, und uns die Bilder rechten und falschen Dienens gezeigt.«

Auch unter den Schülerinnen der Höheren Mädchenschule der Diakonissenanstalt und des Internats Bon Pasteur tat er in den Religionsstunden, in den wöchentlichen Morgenandachten und im Konfirmandenunterricht kostbare Saatarbeit. »Sein Religions- und Konfirmandenunterricht«, erzählt eine andere, »dem man den Segen einer starken Fürbitte abspürte, hatte zur Folge, daß manches junge Mädchen zum Heiland kam und den Weg des Lebens fand, auch daß einige sich ganz in den Dienst des Herrn stellten.«

Die Liebe Christi drängte ihn also. Ein kleines Beispiel: Bei einer Besprechung, die Pfarrer Coerper einst mit den dort in der Mädchenerziehungsanstalt von Straßburg-Königshofen arbeitenden Diakonissen hatte, beklagte sich eine Schwester bitter über die Unart und den schlechten Charakter eines der Mädchen. Pfarrer Coerper schaute sie eine Weile an und sagte dann: »Schwester, haben Sie die Luise lieb?« Das war uns allen ein Wink.

> Wo man liebt, Sanftmut übt,
> Kann der Feind nicht walten,
> Noch das Feld behalten.

Unermüdlich war er auch in Straßburg bedacht, den einzelnen nachzugehen und sie im Glauben zu stärken. Eine treue Christin aus Bon Pasteur erzählt: Eines Tages sei er zu ihr gekommen und hätte nur die Frage gestellt: »Was erwarten Sie von Ihrem Heiland?« Sie antwortete freudestrahlend: »Alles!« — »Dann ist es gut«, sagte er, nahm Hut und Stock und ging weiter. Denn dieser Seele, die alles von ihrem Heiland erwartete, hatte er weiter nichts zu sagen. Er war ja auch ein Mann, der alles von seinem Heiland erwartete. Ein andermal begegnete er derselben Christin und klagte, daß er nicht recht vorwärtskomme in Straßburg. Da sagte sie: »Herr Pfarrer, das kommt von Ihrem gesetzlichen Predigen her.«

Aber schon nach zweieinviertel Jahren treuer, hingebender Arbeit in Straßburg tritt der Ruf in die Mission an ihn heran, dem er mit innerem Drang folgen muß.

Sein Entschluß, Straßburg nach so kurzem Wirken zu verlassen, hat den näheren Freundeskreis fast bestürzt. Fräulein Berger, die Leiterin vom Bon Pasteur, eine echte Christin, schrieb an ihn: »Ach, daß man sich so lieben kann und nicht eins denken!« Fräulein Sprenger in Dinglingen ist tief beunruhigt. Sein Kollege, Pfarrer Zaeslin, schreibt dagegen: »Ich glaube auch, daß die neue Tätigkeit dir entsprechender sein wird als in dem festen Gefüge einer Anstalt.« Pfarrer Coerper geht unbeirrt und gewiß seinen Weg. Die Freunde, die ihn hergeben müssen, werden still. »Mütterlein« von Dinglingen telegraphiert zum Abschied:

Schifflein, gleite ohne Zagen
In die neue Strömung ein.
Darfst getrost die Reise wagen,
Jesus selbst will Bootsmann sein.

Am 31. Oktober 1899 hielt er eine wundervolle Abschiedspredigt in der Kapelle des Diakonissenhauses über das Wort: »Und nun, liebe Brüder, ich befehle euch Gott und dem Wort seiner Gnade, das da mächtig ist, euch zu erbauen und zu geben das Erbe unter allen, die geheiligt werden« (Apg 20,32). Er führte aus: »Ich befehle euch! heißt: Ich übergebe euch Gott. Gott übergeben sein, das ist ja etwas unendlich Großes. In Gottes Hände gegeben sein, in Hände, die zarter sind als Mutterhände, die mit der sorgfältigsten Zartheit der unveränderlichen Gottesliebe das Anvertraute pflegen und hegen, in Hände, die weiser und geschickter sind als die Hände des größten Künstlers, in Hände, denen die Allmacht ungeteilt und ewig zu Gebote steht, denen nichts jemals widerstehen kann — ach, was heißt es doch, sich in diesen Händen zu wissen! — Nun möge diese feierliche Stunde dazu dienen, daß uns durch die Gnade des Herrn und seines Geistes das tiefe, bestimmte, klare Bewußtsein durchdringe, ein Bewußtsein, das keinerlei Deutelei duldet: Ich bin dem Herrn übergeben. Ihm gehört mein Geist, meine Seele, mein Leib, meine Zeit, mein Gut und alles, was ich mein nannte! Merk wohl, es heißt nicht: ›Ich übergebe euch das Wort der Gnade‹, sondern ›ich übergebe euch dem Wort der Gnade‹. Also der Besitzer ist das Wort, nicht wir sollen die Besitzer sein. Das Wort will uns besitzen, nicht wir sollen das Wort besitzen. Das ist ein großer Unterschied. Besitze ich das Wort, so darf ich dasselbe benutzen, wie ich will; besitzt dagegen das Wort mich, so darf das Wort mich benützen, wie dasselbe es für gut findet. Ich bin zum Gehorsam verpflichtet und werde Organ, Werkzeug, Ausdrucksmittel für das Wort des lebendigen Gottes. Aber um dies sein zu können, dazu gehört ein Sinn, der sich sagen läßt und gehorchen kann, ein demütiges Herz und ein gelenkter, williger Geist und Leib. Wohl dem, der sich dazu übergeben läßt! Wie wird das Herz so froh, so still, voll Leben und voll Kraft, wie dringt das Licht hinein, wie scheidet sich's darin zwischen Licht und Finsternis, wie findet das Wort, d.h. der Hauch, der Lebens- und Liebeshauch unseres Heilands, Stätte und Ausdruck bei uns, wenn wir uns in kindlichem, völligem Gehorsam den Gedanken, Befehlen und Verheißungen unseres Gottes in seinem Wort öffnen und überlassen! Ein Leben, das geregelt wird durch Gottes Wort, das ist wert, gelebt zu werden. Ein Herz, das, wenn es Gottes Wort hört oder liest, sich alsbald ergriffen und verpflichtet weiß zur Ausübung der empfangenen Wahrheiten, lernt die Lebenskräfte des lebendigen Gottes in sich herabziehen und durch das Wort als den lebendigen Samen gottgewirkte und gottgewollte edle Früchte reifen.«

Das Band mit Straßburg ist trotz der kurzen Wirkungszeit auch in den späteren Jahren nicht abgerissen. Eine Schwester erzählt: »Es war in den ersten Tagen des August im Kriegsjahr 1914. Die Behörde hatte ganz unerwartet der Leitung des Hauses den Bescheid telefoniert, daß die Mädchenerziehungsanstalt Königshofen geräumt werden sollte und daß sie sich ihrerseits mit anderweitigen Anstalten in Verbindung setzen möchte, in denen die Zöglinge Aufnahme finden könnten. Auf zwei Telegramme bekamen wir eine negative Antwort. Das dritte aus Bad Liebenzell lautete: »Kommt in Jesu Namen!« Welch eine Erleichterung für uns! — Am frühen Morgen des folgenden Tages reisten wir ab und fanden nach einer langen, schwierigen Reise im Missionshaus eine herzliche Aufnahme. Das Missions-Brüderhaus stand zu unserer Unterkunft bereit, weil die Brüder in den Krieg gezogen waren; und so konnte der ganze Anstaltsbetrieb und Schulunterricht ungestört weitergeführt werden. Wir erkannten diese Führung als eine große Gnade und dankten dem Herrn, der uns so freundlich geleitet hatte; und die Straßburger Behörde sorgte weiter für die Verpflegungskosten.

Wie mütterlich war die liebe, unermüdliche Frau Pastor Coerper besorgt, daß ja nichts fehlen sollte! Nie haben wir Mangel gehabt; selbst aus den umliegenden Ortschaften erhielten wir Gemüse und Obst zugeschickt, ja sogar ganze Obstbäume wurden uns zum Obstabpflükken zur Verfügung gestellt. — Wie viele schöne Wanderungen über Berge und Täler des Schwarzwaldes wurden unternommen! Jedoch nicht nur für unser leibliches Wohl wurde gesorgt, sondern auch geistige Nahrung wurde uns im Missionshaus reichlich geboten. — Das schöne Weihnachtsfest wird wohl keins der Mädchen je wieder vergessen. Im Frühjahr fand dann noch die Konfirmation von elf jungen Mädchen im Missionshaussaal statt, und bald darauf durften wir wieder nach dem Elsaß ziehen. Die Trennung vom lieben Missionshaus wurde uns nicht leicht. Liebenzell! Du wirst in unsern Herzen stets als eine sonnige, gesegnete Zeit in dankbarem Gedenken bleiben.«

In die Straßburger Zeit fällt auch seine kräftige Mitarbeit an der deutschen christlichen Studentenbewegung. Er gehört mit zu den Gründern dieser Bewegung, der

Studentenwelt Deutschlands zu helfen. Auf der ersten Konferenz in Niesky hielt er ein Referat über das Thema »Praktische Handhabung der Heiligen Schrift für den Dienst an andern«. In der nächstjährigen Konferenz sprach er über das Thema »Das in der Jugend erreichbare Ziel«. Im Jahre 1894 in Frankfurt a.M. gab er ein Lebensbild Hudson Taylors, des Mannes, dessen Leben und Werk für sein späteres Leben von so großer Bedeutung werden sollte, heraus. In die Straßburger Zeit fällt eine besonders wichtige Sitzung der DCSV, die in Dinglingen in gesammelter Stille stattgefunden hat. Im Jahre 1898 finden wir ihn auf der Studentenkonferenz in Wilhelmsdorf, wo er über das Thema spricht »Der irdische und der himmlische Beruf«. Dann wurde er aber ganz von der Missionsaufgabe in Hamburg und Liebenzell ergriffen und konnte sich nicht mehr in der alten Weise beteiligen. Aber in der großen zehnten Studentenkonferenz in Eisenach sprach er wieder über »der Glaube an den Herrn Jesus Christus«. Wie vielen seiner jungen Brüder hat er eine Handreichung fürs ewige Leben gegeben!

Der Ruf nach Hamburg in die Mission

Mitte des Jahres 1899 trat Pastor Röschmann aus Hamburg an Pfarrer Coerper mit der Frage heran, ob er wohl eine Missionsarbeit übernehmen wolle, die im Anschluß an die China-Inland-Mission im Geist und Sinn der in der Gemeinschaftsbewegung lebenden Glaubensanschauung geschehen sollte. Coerper hörte den Ruf Gottes, in das weite Gebiet der Weltmission einzutreten und mit dem Heiland im Glauben auf den Wassern zu wandeln. Er hatte in Heidelberg das Leben Hudson Taylors gelesen. Da fühlte er eine Verwandtschaft des Glaubens und wartete im stillen darauf, daß der Herr ihn für diese Arbeit frei machen würde. Und diese Stunde kam. Irdische Aussichten bot das Amt nicht, irdische Garantien waren auch nicht gegeben. Die einzige Garantie bestand in dem Wort: »Gehet hin in alle Welt und lehret alle Völker und taufet sie in dem Namen des Vaters und des Sohnes und des Heiligen Geistes... Und siehe, ich bin bei euch alle Tage bis an der Welt Ende.« Im zuversichtlichen Glauben an die Verheißungen Gottes in der Schrift begann er am 13. Novemer 1899 die Arbeit. Er selbst sagt darüber: »Es war ein sehr zartes Reislein, das die Gnade des Herrn dort pflanzte.« — »Sind denn auch die nötigen Geldmittel vorhanden?«, fragte ihn jemand. Er antwortete: »Freilich sind sie vorhanden, und darum erwarte ich, daß der Herr mir von dem Vorhandenen das Nötige aushändigen wird für das Werk, wenn es auch noch nicht in meiner Hand ist.« Nach langem betendem Besinnen, im Bewußtsein des völligen eigenen Unvermögens, aber nach klarer Weisung von oben und im Vertrauen auf den Herrn wurden betend und flehend die ersten Schritte getan. Schon im Dezember desselben Jahres bot sich Kandidat Witt an (der spätere Missionssuperintendent Heinrich Witt in Changsha in Hunan, China), der im Februar 1900 nach einer schönen Abschiedsfeier am Holstenwall in Hamburg nach China entsandt wurde. Es war alles ein Wagnis des Glaubens. Aber der Glaube der wagt, gewinnt. Man mietete in Uhlenhorst, einem von dem Geräusch des Hauptverkehrs etwas abgelegenen Stadtteil, ein sogenanntes »Gartenhaus«, das als erstes Missionshaus wohl geeignet war.

Am 1. Januar 1900 erschien zum erstenmal das Blatt »Chinas Millionen«, worin berichtet wurde über das, was geplant war und was der Herr schon geschenkt hatte. Der Name »Chinas Millionen« deutet an, was das Herz der Christen bewegen soll. Er redet von den ungeheuren Bedürfnissen Chinas nach Boten Gottes, umfaßt das Land doch etwa ein Viertel oder ein Fünftel der gesamten Erdbevölkerung. Der Titel des neuen Missionsblattes war dem Titel des englischen Missionsorgans der China-Inland-Mission (CIM, mit der die neu gegründete Mission assoziiert wurde, entnommen. Sein Titel entsprach der Größe des Auftrags »Chinas Millions«. Auch die beiden Bibelworte waren als Motto übernommen und zwar in chinesischen Schriftzeichen: ›Der Herr wird's ersehen« (1. Mose 22, 14) und »Eben-Ezer« = »Stein der Hilfe« (1. Sam 7, 12). »Wie viel sehnende Hände heilsverlangender Menschen sehen wir im Geiste sich uns entgegenstrecken oder vielmehr dem entgegen, der sie erlöst hat!« Welche Freude, als die ersten Gaben für das Werk einliefen! In Pastor Röschmann und seiner Gemeinde am Holstenwall in Hamburg hatte die neue Arbeit für ihren Anfang einen guten Rückhalt. Und treue Freunde, die betend und gebend sich hinter sie stellten, auch Kreise des Schleswig-Holsteinischen-Gemeinschaftsvereins schlossen sich an. Im Jahre 1908 wurde außer dem allgemeinen Nachrichtenblatt »Chinas Milionen« noch ein Missionskinderblatt, das »Missions-Glöcklein«, herausgegeben.

Über das Leben im Missionshaus in Hamburg erzählt eine Missionarin: »Im Hause gab es viel liebe Arbeit.

Es galt, das Missionsheim einzurichten. Da wurde unter Anweisung von Frau Pastor viel zugeschnitten und genäht. Auch Pastor Coerpers Ordnungs- und Schönheitssinn kam dabei zur Geltung. Einfach und hübsch sollte alles werden. Er opferte von seiner sonst stark besetzten Zeit und half beim Einkauf der nötigen Sachen. Im Oktober des gleichen Jahres wurde mit der Schule begonnen. Eine Lehrerin schenkte der Herr in Fräulein S. Affolter. Sie hatte die bestimmte Weisung vom Herrn, der Mission zu dienen, und hat dies mit treuer Hingabe getan. Wir waren eine glückliche kleine Missionsfamilie in ihren ersten Anfängen. Der gegenwärtige Gott war Herr des Hauses und hielt Wache. Jedes suchte vor ihm zu leben. Fünf Brüder und drei Schwestern standen in der Ausbildung und waren aufgenommen in die Familie unserer Hauseltern. Diese opferten von Anfang an ihr privates Familienleben ganz dem Missionsheim. Neben den biblischen Unterrichtsstunden hatten wir täglich gemeinsame Morgen- und Abendandachten. Sonntags nahmen wir teil an den Gottesdiensten der Gemeinschaft, der damals Pastor Röschmann diente, zuweilen auch Pastor Coerper. Samstagabend aber, nachdem alle Arbeiten beendet waren, hatten wir mit unserm lieben Lehrer und Seelsorger stille Gebetsstunde. Das waren Stunden der Beugung und des inneren Zerbrechens. Hatte Gottes Wort uns doch im Laufe der Woche so manches zeigen können, soviel Mängel, aber auch soviel Gnade! O ja, es war sehr schön, als wir noch so wenige waren! Die Festtage wußten unsere Hauseltern besonders lieblich zu gestalten, wie überhaupt viel Liebe ausgestreut wurde. Streng konnte der liebe Hausvater aber auch sein. Als einmal eine Schwester, ohne sich zu entschuldigen, vom Frühstück fern blieb, weil sie nicht essen wollte, ließ er ihr sagen, er wolle sie heute nicht sehen. Sie durfte an dem Tage an den Religionsstunden nicht teilnehmen, was ihr natürlich eine große Strafe war. Ähnlich ging es dem Dienstmädchen, durch dessen Unachtsamkeit sechs Küken von der Katze gefressen wurden. An dem Abend durfte sie nicht zur Andacht kommen. Das schmerzte sie mehr als irgendeine andere Strafe.

Ein Liebling aller war der kleine, goldlockige Samuel. In Straßburg als zweites Kind der Eltern geboren, kam er mit ihnen nach Hamburg. Leider erkrankte er in den ersten gemeinsamen Ferien im Juli 1901. Die Reise mußte in Essen unterbrochen werden. Eine Lungenentzündung kam zu Masern und Diphtheritis, und der gute Hirte trug sein Schäflein heim. Man legte seinen kleinen Leib in Essen als Samenkorn in die Grabstätte unserer lieben Missionsfreunde Böhm. Ohne den sonnigen Samuel kamen die lieben Eltern aus den Ferien zurück, aber getröstet durch ihn, von dem und durch den und zu dem alle Dinge sind, der die Lämmer in seine Arme sammelt und an seiner Brust trägt und die Schafmütter führt.«

Seine Wortverkündigung in Hamburg und Umgegend zog viele Gläubige an. Inspektor H. erzählt davon: »1900 war zwischen Weihnachten und Neujahr eine Konferenz gläubiger Lehrer in E. Ich befand mich zum erstenmal in so einem Kreise und empfing Segen. An einem Abend erschien auf Einladung hin Pfarrer Coerper, damals noch in Hamburg, und sprach zu uns über den alten Simeon. Die Art der Darbietung des Wortes tat es mir an und traf, weil der Prediger persönlich redete. Auch den andern ging es so wie mir. Auf dem Heimweg äußerte der alte Lehrer L.: ›Dat güng over deep!‹ (Das ging aber tief.) Und alle antworteten: ›Jo, dat deet et.‹ (Ja, das tat es.) Und ich habe ihn kaum anders gehört, es sei denn, daß er einmal völlig übermüdet und abgearbeitet war. Meistens schälte er ein ganz kurzes Bibelwort aus dem Text heraus, ohne glänzend reden zu wollen. Man hatte das bestimmte Empfinden: sowohl das Wort wie auch unsere Seelen sind vorher durch Gebet ›eingeweicht‹ worden. Darum wirkte das Wort und stand in einem ganz neuen Licht vor einem.«

Von Hamburg aus ließ er seinen Werberuf ausgehen an die deutsche Christenheit, für das Werk des Herrn in der Mission mit ganzer Hingabe einzutreten:

»Willst du dir einmal klarmachen lassen, ob es dein Gott ist, der in China ernten möchte? Und wenn dir das klar ist, willst du in deines Vaters Ernte wirklich wirksam miternten helfen? Wie ist es doch, wenn Erntezeit ist und zumal, wenn es Erntewetter ist! Da stehen unsere Landleute schon um vier, ja um drei Uhr auf; alles ist in regster Tätigkeit, die Knechte und Mägde rühren sich schneller als sonst. Die Mutter und Kinder suchen ihr möglichstes zu tun, um Erfrischungen zu bereiten und alle Hindernisse fernzuhalten, und selbst die kleinen Kinder tragen die Körblein durch den heißen Sonnenbrand, damit der Vater und die fleißigen Arbeiter ihre Stärkung rechtzeitig erhalten, und alle freuen sich, wenn die Ernte glücklich in die Scheune gebracht ist.

Hast du auch ein Herz für deines himmlischen Vaters Ernte? Könntest du nicht in dem so lange schon durch Gebet betauten und auch vielfach bearbeiteten Missionsfeld schneiden helfen? Oder könntest du nicht ganz anders als bisher den Schnittern Erquickung bringen und helfen, daß viele ausgehen könnten? Weißt du, daß, wenn du kindlich, demütig, wahrhaftig betest, der Herr das Reich Satans auch in China zerstören und sein wunderbares Reich dort bauen wird?«

Im Sommer 1901 rief der Herr seinen treuen Knecht Pastor Röschmann heim. Zu dieser Anfechtung kam eine zweite hinzu: Neujahr 1902 wurde das Haus in Hamburg, wo bereits einige Geschwister eingezogen waren, um sich für die Mission ausbilden zu lassen, gekündigt. Einen rechten Ersatz für das Haus fand man trotz allem Suchen nicht. Was sollte nun geschehen? —

Schüler von Hudson Taylor

Hudson Taylor, der Gründer der China-Inland-Mission, wurde in einer kleinen Bergwerkstadt in England am 21. Mai 1832 geboren. Durch die Gebete seiner frommen Mutter zu Gott geführt, wählte er Gottes Wort als die einzige Richtschnur seines Lebens. »Gott zuerst und alles von ihm allein erwarten«, war der Leitstern für all sein Tun. 1853 verließ er England zum erstenmal, um nach China zu reisen. In seinem Tagebuch hatte er geschrieben: »Gott allein ist meine Hoffnung; eine andere brauche ich nicht.« Er wurde dahin geführt, das Evangelium in die inneren Provinzen Chinas hineinzutragen. Über die Grundsätze seiner Arbeit sagte er später: »Als wir vor vielen Jahren den göttlichen Auftrag bekamen, vorwärts zu gehen im Werk des Herrn, vertrauten wir auf das Wort: ›Trachtet am ersten nach dem Reich Gottes und nach seiner Gerechtigkeit, so wird euch solches alles zufallen.‹ Und auch heute noch stützen wir uns auf diese Verheißung und werden nicht enttäuscht. Wir veröffentlichen die Namen der Geber nicht, wir kollektieren nicht, wir haben keine Kapitalien, wir machen keine Schulden. Unser Pfad ist immer noch wie am Anfang ein Wandeln auf dem Wasser. Haben wir nicht viel Ursache, Gott zu loben?«

Was für Missionare er nach China senden wollte, sagt er in einem andern Wort: »Die Männer und Frauen, die wir brauchen, sind die, denen Jesus, China und Menschenseelen immer und überall an erster Stelle stehen. Das eigene Leben, ja sogar die uns teurer sind als das eigene Leben, kommen erst in zweiter Linie. Von solchen Männern und Frauen könnt ihr uns nie zuviel schikken; ihr Wert ist köstlicher als Edelsteine.«

In welchem Geist und Sinn Hudson Taylor die Mission getan wissen wollte, können noch ein paar Worte von ihm deutlich machen: »Wenn Schwierigkeiten kommen, sollte Gott nicht unsere letzte Zuflucht sein, nein, zu ihm müssen wir uns zuerst hinwenden in unseren Nöten, ob sie groß oder klein sein mögen.« — »Die ihren Gott kennen, versuchen nicht, Heldentaten auszuführen, sondern sie tun sie. Wir werden die Bibel nach einem Gebot, etwas zu versuchen, vergebens durchforschen. Gottes Wort heißt immer: Tu das! Ist das Gebot von Gott, so haben wir keine andere Wahl, als zu gehorchen.« — »Gott mache uns die Hölle so real, daß wir uns keine Ruhe im Werk der Seelenrettung gönnen; den Himmel so real, daß wir Menschen darin sehen müssen; Christus so real, daß es unser einziges Streben bleibt, aus dem Mann der Schmerzen einen Mann der Freude zu machen, indem wir ihm viele Seelen zuführen.«

Diese Grundsätze stimmen mit dem innersten Herzschlag des Glaubens in Pfarrer Coerper überein. Es war ihm eine tiefe Freude, daß er endlich von allen menschlichen Stützen weg, allein auf seinen Heiland gestützt, seine Arbeit im Reiche Gottes tun durfte. Man kann sagen, wie Hudson Taylor erwartete er von seinem herrlichen Heiland alles und wollte es aus seinen Händen allein empfangen. Die ganze Versorgung des Werkes erwartete er vom Herrn und nicht von Menschen. Darum schickte er keine Bettelbriefe aus. Er durfte die Wunderhilfen des Herrn im Blick auf sich selbst und das ganze Werk erfahren und wurde also in seinem Glauben nicht zuschanden. Auf der andern Seite war er freilich dafür, daß seine andern Mitarbeiter nach Maßgabe der Gaben, die einliefen, ihr Gehalt bezögen. Die Leitung des ganzen Werkes legte er bewußt in die Hände des erhöhten Hauptes. Darum war das Wort von der Geistesleitung kein leerer Schall, sondern eine Realität.

Die Voraussetzung dieser Glaubensstellung war, daß er mit den Verheißungen seines Gottes rechnete wie mit Zahlen. So hat es einst auch Missionar D. Nommensen, der Gründer der Batak-Mission, von jedem Missionar verlangt. Die zweite Voraussetzung war ein ganz intensives Gebetsleben. Alle Fragen, alle Bedürfnisse, alle Sorgen des Werkes breitete er vor seinem Herrn aus: da empfing er die Antworten. Die dritte Voraussetzung war, daß er warten konnte, bis der Herr ihm die Antwort gab.

Man hat gegen diese Glaubensstellung eingewandt, das sei Schwärmerei oder verleite zur Schwärmerei.

Wir antworten: Ist nicht das Leben der Erzväter, Moses, Elias und Elisas und das Leben der Apostel, voll von solchen Wunderhilfen und Wunderleitungen? Oder sind diese Wunderhilfen bloß auf die Zeit und die Männer der Bibel beschränkt? Aber wo ist das in der Bibel gesagt, daß diese Dinge bloß auf die Zeit der Propheten und Apostel anzuwenden sind? Ist nicht vielmehr die Furcht vor einer solchen Glaubensstellung eine Folge des überwuchernden Intellektualismus? Gewiß, diese Glaubensstellung ist eine überaus zarte Sache, hat Klippen bei sich und fordert ein großes Maß von Besonnenheit und Nüchternheit, wie wir es im Leben des Apostels Paulus sehen, damit diese Glaubenslinie in göttlicher Weise und nicht in schwärmerischer Weise durchgehalten werde. Vor allem die unmittelbare Geistesleitung darf nicht taub machen gegen den Rat von verständigen, erfahrenen Brüdern. Es darf daraus keine Wundersucht werden wie bei den Pharisäern zur Zeit Jesu; es darf daraus auch kein Glaubensgesetz gemacht werden, das auf die Hälse der Jünger gelegt wird; es darf solche Glaubensstellung auch nicht kopiert werden, dann wird sie zum Gottversuchen und dann heißt es wie von jenen jüdischen Beschwörern, die den Apostel in Ephesus nachahmen wollten und den Namen des Herrn über die Besessenen aussprachen: »Der böse Geist antwortete und sprach: Jesus kenne ich wohl, und von Paulus weiß ich wohl; wer seid aber ihr?« Wir fragen uns: Drängt uns der Herr nicht in der Kirche mehr und mehr auf solche Wege hin? Alle irdischen Stützen werden uns weggeschlagen, wir werden im Glauben unmittelbar auf den Herrn geworfen.

Wenn Pfarrer Coerper auch alle irdischen Stützen ablehnte, so hat er sich doch nicht gesträubt gegen Sicherungen und Stützen, die einfach mit der Zeit vom Staat verlangt wurden. Brüder und Schwestern sind zwar zunächst nicht Mitglieder der Krankenkasse und Angestelltenversicherung gewesen. Im Laufe der Jahre hat sich jedoch die Mitgliedschaft als beste Lösung erwiesen. Die Häuser wurden in die Feuerversicherung aufgenommen; denn sie gehörten ja nicht ihm, sondern dem Werk des Herrn, und darin wurde er nicht inkonsequent. Es verband sich im Gegenteil mit der Glaubensstellung, die vom Herrn alles erflehte und alles erwartete, eine nüchterne Beurteilung der Gegebenheiten in der Welt. — Er hat alle Gaben vom Herrn erwartet. Aber zugleich hat er die Gläubigen zu wirklichen Opfern für die große Sache ihres Gottes erzogen. Wie er das tat, dafür zwei Beispiele:

»Es war in einer Versammlung in Essen, die Dr. Baedeker hielt und wo dann am Schluß derselben auf die wichtige Arbeit hingewiesen wurde und alle aufgefordert wurden, der Kollekte recht zu gedenken. Dies hatte Herr Pastor Weigle bekanntgemacht, und dann trat unser Pfarrer Coerper noch einmal auf und riet allen Besuchern, doch alles Geld gleich auf den Teller zu legen und nichts mehr mit heimzunehmen. Als die gefüllten Teller herangebracht wurden, da schüttelte Herr Pfarrer selbst alles aus und sogar den Uhrenschlüssel mit dazu, der aber wieder zurückgenommen wurde.«

»Ein Wort von Pfarrer Coerper war: ›Wir geben nicht, weil wir haben, sondern wir haben, weil wir geben.‹ Die Wahrheit dieses Wortes durfte ich einmal schauen, wie er es persönlich auslebte. Es war, wenn ich noch recht weiß, im Jahre 1916, als Schwester Eva von Tiele-Winckler im Eßsaal der Lioba zu den Schwestern sprach. Nach Schluß der Ansprache stand Herr Pfarrer auf und sagte: ›Nun wollen wir dem Werk von Schwester Eva ein Dankopfer geben.‹ Er legte zuerst eine Gabe auf den Teller. Nachher hörte ich, dreihundert Mark seien eingelegt worden. Das war die großzügige, weitherzige Art von Pfarrer Coerper.«

Er warnte vor fremden Opfern, auf denen kein Segen ruhen konnte. Einmal, so erzählte es Missionar F., brachte ihm eine Theatergesellschaft einen namhaften Betrag für das Reich Gottes, sie hätten ein Wohltätigkeitsstück aufgeführt. Sie wollten ihn wohl auf die Probe stellen. Diese bestand er aber gut, indem er ihnen dankte für ihre Mühe, aber solches Geld könne er für den Bau des Reiches Gottes nicht nehmen. Gottes Sache sei eine heilige Sache, und er duldet keine fremden Opfer.

Die Verbindung mit der China-Inland-Mission schenkte ihm die persönlichen Beziehungen zu den gesegneten Zeugen Englands. Es besuchten ihn Hudson Taylor, Direktor Hoste, Mr. Sloan, Mr. Marshall Broomhall, und aus Nordamerika der bekannte Dr. Torrey, D. Howard Taylor und andere.

Von der »Waterkant« in den Schwarzwald

Als man noch in Hamburg nach einem passenden Haus suchte, kam unerwartet von Bad Liebenzell im Schwarzwald das Angebot, man könne dort ein schönes Anwesen mieten, nur die Steuern, die darauf ruhten, seien zu bezahlen. Aber lag Bad Liebenzell nicht außerhalb der Heeresstraße der Welt? Sollte man den Norden des Vaterlandes mit dem Süden vertauschen? Pfarrer Coerper hörte zwar immer wieder in seinem Innern die Stimme: »Mache dich auf und ziehe gen Bethel und baue dem Herrn daselbst einen Altar!« Aber war es nach menschlichem Verstand richtig, das Reislein aus der großen Handelsstadt nahe dem Weltmeer in ein kleines, verborgenes Städtlein im württembergischen Schwarzwald zu verpflanzen? Mußte da die Arbeit nicht verkümmern? Ein Freund hatte zudem gesagt: »Du wirst im Schwabenland vom ersten Tag an Schwierigkeiten haben.« Doch hinter dem Angebot standen die Gebete einer in Liebenzell stationierten, glaubensstarken Stuttgarter Diakonisse, Schwester Lina Stahl. Diese stand schon lange vor dem Herrn mit der Bitte, den jetzigen Missionsberg zu einem »feuerspeienden Berg« zu machen. Und unbewußt mit ihr vereinigt waren die Gebete einiger gläubiger Brüder, die den Herrn anflehten um Hilfe für ihren Schwarzwald. Von diesen Gebeten wie mit unsichtbaren Seilen gezogen, wagte es Pfarrer Coerper, mit seiner kleinen Arbeit nach Bad Liebenzell überzusiedeln.

Am 13. April 1902 wurde ein Einweihungsfest im kleinen Kreise gehalten. Aber bald darauf erhob sich ein scharfer Gegenwind, und zwar aus den Kreisen der alten Gemeinschaften, die glaubten, dieser Umzug wäre ein Eingriff in den Besitz ihrer mit Recht geliebten und geschätzten Basler Mission. Der Einwand wurde erhoben,

Ihm dienen macht fröhlich unter allen Völkern.

H. Coerper

Sein Vater

Seine Mutter

Der Student

Das Brautpaar

Hudson Taylor

Der Missionsberg mit der Villa Lioba zur Zeit der Übersiedlung

Missionshaus in Hamburg

Lioba

Fräulein Maria Sprenger

Schwester Lina Stahl

Frau General von Diest

Johannes Blank

die neue Missionsgesellschaft sei ein »ausländisches, englisches Gewächs«. Man wandte auch das Wort des Apostels Paulus auf sie an, daß man in fremde Arbeit sich einniste, auf fremdem Boden, wo andere gearbeitet haben, sich niederlasse. Aber darauf ist zu sagen, Pfarrer Coerper hatte sich nicht etwa die Landkarte angesehen und gefragt: Wo findest du das beste Hinterland für deine Missionsarbeit? Dann wäre es ein rücksichtsloses Eindringen in fremdes Gebiet gewesen. Er wußte sich vielmehr von Gott gerufen, er mußte dahin gehen. Es war auch gar nicht seine Absicht, die Kreise der Basler Mission zu stören. Vielleicht durfte er sagen: Ich habe vom Herrn ein besonderes Pfund bekommen, mit dem ich in Württemberg neben den andern wuchern soll.

So stand denn das Bäumlein der Liebenzeller Mission von Anfang an unter einem scharfen Gegenwind. Es wäre gewiß diesem Gegenwind erlegen, wenn es eine Pflanze gewesen wäre, die bloß Menschen gepflanzt hätten. Denn der Herr Christus sagt: »Alle Pflanzen, die mein himmlischer Vater nicht pflanzt, werden ausgerottet« (Mt 15,13). Der Gegenwind hatte auch sein Gutes. »Denn«, so sagt Pfarrer Coerper, »auf diese Weise lernten wir gleich von vornherein, uns nicht auf Menschen zu verlassen. Auch war die Tür nach oben gottlob offen, und niemand konnte sie zuschließen. Und wir durften die herrlichsten Erfahrungen machen von der Hilfe, die von oben kommt. So schenkte es Gott, daß im Jahre 1903 sogar die Stadtkirche in Bad Liebenzell zur Abordnungsfeier zweier Brüder zur Verfügung gestellt wurde, wenn auch nicht ohne starke Bedenken.«

Aber kaum waren diese ersten Schwierigkeiten ein wenig behoben, da erhob sich eine neue Schwierigkeit. Es schien, als ob die Fremdlinge wieder fortziehen müßten; denn das Anwesen, worauf sie sich angesiedelt hatten, sollte verkauft werden. Und es war doch wundervoll gelegen im Frieden der Schwarzwaldnatur und so gut dafür geeignet, daß dort Brüder und Schwestern in der Stille für den heiligen Dienst vorbereitet werden konnten. Da kam eine neue Hilfe vom Herrn. Eine durch Pfarrer Coerper gewonnene Freundin des Werkes kaufte den Besitz und überließ ihn fortan der Liebenzeller Mission zum freien Gebrauch. Denn der Herr hatte es ihr ins Herz gegeben, daß sie mit allem, was sie an irdischem Gut und Besitz empfangen hatte, ihm ganz zur Verfügung stehen solle, daß nur, wenn sie ein ganzes Opfer für ihren Heiland bringen wolle, auch ein ganzer Friede und eine ganze Freude im Herrn als ein kostbarer Besitz ihr zuteil werden konnte.

Und nun saß das kleine Pflänzchen fest und konnte sich unter dem Segen des Herrn weiter entfalten. Vom Schwarzwald herunter kamen manche liebe suchende Seelen und luden in ihren Dörfern auch andere ein. So begann in der Stille das Werk zu wachsen und auch im Schwabenland einen Freundeskreis zu gewinnen. Das Wachstum des Freundeskreises zeigte sich besonders darin, daß hin und her in den Dörfern der näheren Umgebung in einer Bauernstube allsonntäglich nach einer gediegenen Kost aus Gottes Wort hungernde Menschen zur »Stunde« zusammenkamen, wo ihnen die jungen Brüder, »die Missionszöglinge«, dienen sollten.

Schwester Lina Stahl

Einige treue Freunde müssen wir noch erwähnen, die der gütige Gott Pfarrer Coerper zur Seite stellte und die ihm in der großen Arbeit der Mission viel geholfen haben. Ohne sie hätte er das Werk wohl nicht hinausführen können.

Wir haben sie schon genannt, die liebe, glaubensstarke Schwester Lina Stahl, die Pfarrer Coerper Mut machte, das zarte Missionspflänzlein von Hamburg nach Liebenzell zu verpflanzen. Sie wurde die besonders treue Freundin der Mission. Schwester Lina stammte aus einem Pfarrhaus, hatte ein Herz voll Liebe und einen Eifer für den Bau des Reiches Gottes. Sie sammelte die Halbbatzen-Kollekte für die Basler Mission mit nimmermüdem Eifer ein. In ihren späteren Diakonissenjahren wurde ihr von einem Fräulein Schlayer, die in Bad Liebenzell ein »Schlößchen« besaß, ein Angebot gemacht, zu beliebiger Verwendung für wohltätige, insbesondere für Reichsgotteszwecke, die »Schlayerburg« zu verwenden. Allein Schwester Lina nahm es nicht an, sondern machte Fräulein Schlayer den Vorschlag, das Schlößchen dem Stuttgarter Mutterhaus als Erholungsheim für die Schwestern zu überlassen. Dazu kam noch die »Pilgerhütte«, die auch ein Eigentum des Fräulein Schlayer war.

Oberhalb der Schlayerburg, wo jetzt die Villa Lioba steht, war eine Seilerbahn (zur Herstellung von Seilen). Aber Schwester Lina wurde es seit Anfang ihres Hierseins ans Herz gelegt, dafür zu beten, daß dieser Berg, auf dem in früheren Zeiten schon durch ein Kloster des Herrn Werk getrieben worden war, eine heilige Stätte werde, von welcher Ströme des Lebens und des Segens in die Welt hineinfließen.

Im Jahre 1900 wurde auf dem Platz, wo die Seilerbahn war, der Bau der Villa Lioba in Angriff genommen, und zwar war dabei an eine Silberwarenfabrik gedacht worden. Doch der Bauherr konnte den Bau nicht hinausführen. Zu der Zeit, als der Bau abgesteckt wurde, erklärte eine Schwester aus Stuttgart: »Glaub nur nicht, Schwester Lina, daß es ein Bethaus wird.« Sie erwiderte derselben ruhig und bestimmt: »Und ich glaube, daß dieser Berg noch ganz für den Heiland sein wird, weil mir der Herr den Auftrag gegeben hat, dafür zu beten.« — »Des Herrn Wort ist wahrhaftig, und was er zusagt, das hält er gewiß.« Als das Haus im Rohbau fertig war, kam es in verschiedene Hände, bis es schließlich Kommerzienrat Vollmüller kaufte. Auf manchen Umwegen kam es durch Vermittlung der Schwester Lina Stahl schließlich mietweise in die Hände der Liebenzeller Mission. So öffneten sich die Pforten für die heimatlos gewordene Mission in völlig unerwarteter Weise. Bei der Ankunft von Pfarrer Coerper in Liebenzell wurde vom Turm der Schlayerburg das Lied geblasen: »Der Pilger aus der Ferne zieht seiner Heimat zu.«

Als Hausmutter der Schlayerburg und Pilgerhütte war Schwester Lina für das leibliche wie für das geistliche Wohl der Schwestern so treu besorgt, daß eine leibliche Mutter kaum besser dazu imstande gewesen wäre. Dabei war sie eine stille Erzieherin der Schwestern. »Sei nicht hochmütig und bleibe in des Heilands Schule, sonst kommt's noch anders!« oder: »Bei dir fehlt's auch noch: Du willst dich nur ein bißchen bekehren und dich dem Heiland nicht ganz ausliefern.« Zu zwei kranken Schwestern, die lange im Gartenhäuschen in der Hängematte liegen mußten, sagte sie: »Gucket nur recht tief in den Himmel hinein und denkt dabei auch an die Menschen, die nicht einmal ihre Augen gen Himmel erheben, geschweige denn ihr Herz.«

Einer innerlich sehr angefochtenen Seele sagte sie: »Sie haben einen ganzen Turm von Selbstgerechtigkeit aufgebaut, der muß abgebrochen werden.« Und als dieselbe die Befürchtung aussprach, ihr könne nicht mehr geholfen werden, erwiderte sie mit voller Bestimmtheit: »Nein! Ich bete Sie heraus. Mein Heiland hat mir noch nie etwas abgeschlagen.« Und ihre Bitte ging in Erfüllung.

Mit den Jahren war auch das Stuttgarter Diakonissenwerk gewachsen. Die Zahl seiner Schwestern vermehrte sich so sehr, daß Schlayerburg und Pilgerhütte nicht mehr ausreichten, im Sommer die vielen erholungsbedürftigen Schwestern aufzunehmen. Der Bau eines großen, den Bedürfnissen entsprechenden Erholungsheims wurde beschlossen und auf der rechten Seite der Nagold an sonnigem Abhang erstellt. Damit waren Schlayerburg und Pilgerhütte entbehrlich geworden und wurden von der genannten treuen Freundin der Liebenzeller Mission im Jahre 1910 käuflich erworben.

Da Schwester Lina Stahl dem biblischen Menschenalter nahe gerückt war, konnte sie dem großen Neubau nicht mehr vorstehen. Welch eine Freude war es ihr, daß ihr aus Freundschaft, Liebe und Pietät die Pilgerhütte als Wohnsitz überlassen wurde. Wie oft konnte sie sagen: »Das ist mein Pfarrhäusle. Hätte ich mich verheiratet, so müßte ich mich mit einem Witwenstüblein begnügen. Nun aber habe ich ein Haus und darf nach des Heilands Willen Gotteskinder aufnehmen und sie zu ihm weisen.« Viele Missionsfreunde gingen jetzt bei ihr aus und ein.

Zehn Jahre wurden ihr noch geschenkt, in denen es ihre Lust war, Verwandte und Bekannte für kürzere oder längere Zeit aufzunehmen, mit Entschädigung und ohne Entschädigung. »Des Heilands Häuschen ist keine Pension; er versorgt dasselbe.« Ja, freilich, sie hatte auch ihre Ecken und Kanten, wie sie selbst einmal gesagt hat: »Ich bin scharf, Stahl ist Stahl und bleibt Stahl.« Aber sie war des Herrn treue und gesegnete Magd.

Fabrikant Johannes Blank

An zweiter Stelle nennen wir Herrn Fabrikant Johannes Blank von Calw, den langjährigen Schatzmeister der Liebenzeller Mission, der Pfarrer Coerper in Wesensart und Grundrichtung so ähnlich war. Es lag über seinem ganzen Wesen der Glanz der Freude am Herrn. Sein Schwiegersohn sagt von ihm: »Die Welt nennt Leute der Hoffnung Optimisten. Was war er für ein Optimist! Er hat oft den Unterschied zwischen Optimist und Pessimist erklärt. Der Pessimist sagt: Ach wie schade, daß die Rosen Dornen haben! und der Optimist sagt: Wie schön blühen die Rosen! Er sagt, ich will kein Pessimist sein.« Mit dem Optimismus seines Glaubens hat er viel Schweres überwunden. Des Morgens stand er früh auf; ehe er zur Fabrik ging, hat er lange die Stille für sich gesucht. »Wir haben ihn manchmal«, so sagte Pfarrer Fuchslocher, sein Schwiegersohn, »wenn wir noch ruhten, unten laut beten und zu seinem Gott schreien hören. Und dann ging er um sieben Uhr hinüber in die Fabrik und hat mit seinen Arbeitern gebetet. Ein Fabrikant, der sich nicht schämt, vor seinen Arbeitern Zeugnis abzulegen und mit seinen Arbeitern sich zu beugen vor der höchsten Majestät! Er sah im Arbeiter nicht die Maschine, sondern die wertvolle, unsterbliche Seele.«

Unvergeßlich wird es mir und meiner lieben Frau sein, als wir ihm im Februar 1934 unsern ersten Besuch machten. Da fing er auf einmal an, aus seinem Leben eine ganze Stunde lang zu erzählen. Und als er geendet hatte, sagte ich zu ihm: »Lieber Bruder, jetzt wollen wir dem Herrn danken für all das, was er in Ihrem Leben getan hat.« Und dann strömte ein Dankgebet aus der Tiefe seines Herzens zum Himmel mit der ihm eigenen Inbrunst und Freudigkeit. Er stammte aus einem frommen Elternhaus und hat manchmal gesagt, was für einen Wert dieses Elternhaus für ihn gehabt habe. Ihm schreibe er es zu, was aus ihm geworden sei. In früher Jugend, im vierzehnten Lebensjahr, entschied er sich klar für seinen Herrn und hat es erfahren, wie der Segen Gottes sich durch die Kämpfe der Jugendzeit hindurchgezogen hat. Er wurde hineingeworfen in die Anfechtungen des Kaufmannsberufs. Aber indem er den Mut bekam, sich offen zu seinem Herrn und Heiland zu bekennen, hat er schon in der Jugend wunderbare Siege erlebt. Mit seinem Glauben hat er es sich erobert, daß er an jedem Sonntagmorgen das Geschäft verlassen und in den Gottesdienst gehen konnte. Mit seinem Glauben hat er es fertiggebracht, als er selbständiger Kaufmann wurde, am Sonntag sein Geschäft zu schließen, obwohl an diesem Tag an kleinen Orten der größte Geschäftsbetrieb war. Und er ist nicht zuschanden geworden. Er ging durch die schwersten Prüfungen in seinem Leben hindurch. Dreimal brannte seine Fabrik in Calw ab, und es war ein Wunder, daß er wirtschaftlich nicht verzagte und unterging, sondern daß auch da sein Glaube gesiegt hat. An seiner Fabrik steht das Wort: »Wir sind durch Feuer und Wasser gekommen, aber du hast uns ausgeführt und erquickt« (Ps 66,12). Er hat die allerschwerste Lebensprüfung in seinem Alter durchgemacht, als seine geliebte Tochter das Opfer eines Autounglücks wurde. Da ging ein Schwert durch seine Seele. Aber doch sagte er: »Jetzt soll die Welt nicht sagen, der fromme Blank ist in seinem Glauben zuschanden geworden; auch jetzt will ich meinen Gott ehren und mich unter seine gewaltige Hand demütigen.«

Sein Herz gehörte dem Reich Gottes. Den verschiedensten Arbeiten im Reiche Gottes hat er seine Zeit, seine Erfahrungen und seine Gaben gewidmet. Er hat dem Werk der Liebenzeller Mission von seinem Ursprung an seine Liebe zugewandt und wurde ihr langjähriger Schatzmeister. Noch fünf Tage vor seinem Ende wohnte er einer Komiteesitzung der Liebenzeller Mission bei.

Auch der Süddeutschen Vereinigung hat er von ihrer Gründung an dieselbe Treue bewiesen. In den Zeiten ernster Spannungen schien es, als ob er auf zwei Schultern tragen müßte; aber es war nichts Zwiespältiges an ihm, sondern unentwegte Treue, die er beiden Werken im Reiche Gottes bewahren wollte.

Aber seine Liebe umspannte auch andere Reichsgotteswerke, weil sein Herz weit war. So hat er der Zeltmission viele Dienste getan von ihrem Ursprung an.

In dem großen Werk von Pastor Krawielitzki hatte er, wie in der Liebenzeller Mission, das verantwortungsvolle Amt eines Bücherrevisors auf seinen Schultern. Nie war ihm eine Reise zu viel, wenn es galt, dem Reiche Gottes zu dienen. Alle diese Reisen waren Zeugnisreisen. Wo er ging und stand, war er ein Zeuge Jesu Christi, bald auf großer Plattform und bald im Seelsorgestübchen. Er hatte eine so liebe, freundliche Art, mit Seelen umzugehen. Sein leuchtender Glaube an den Heiland hat vielen das Herz für ihn geöffnet. Er hatte auch die Gabe, den Kranken die Hände aufzulegen, und manche sind durch seine Fürbitte gesund geworden.

In der Liebenzeller Mission gab es kaum ein Fest, bei welchem nicht der liebe Bruder Blank zugegen war und die Anwesenden mit seiner kräftigen Stimme durch ein frisches, freudiges Zeugnis erquickte. Fast klingen sie uns noch in den Ohren, die so stark werbenden Schlußworte bei den großen Missions- und Abordnungsfesten.

Seine Begräbnisfeier war keine Trauerfeier, sondern eine Lob- und Dankfeier. In der starkbesuchten Nachversammlung faßte ich den Eindruck, den ich am Grabe empfangen hatte, in die Worte: »Es ist noch einmal offenbar geworden in den Zeugnissen der Geschwister, was ein Mensch, der es in Wirklichkeit mit dem Heiland hält und der ganzen Ernst macht mit der Liebe zu ihm, im Reiche Gottes ausrichten kann.«

Das »Mütterlein« in Dinglingen

Schon in die Heidelberger Zeit ragt die Gestalt Fräulein Maria Sprengers in Dinglingen, allgemein »Mütterlein« genannt, hinein. Mit ihr ist Pfarrer Coerper durch die Jahrzehnte auf das innigste verbunden gewesen. Sie war seine »mütterliche Schwester« und Beraterin und hatte die Gewohnheit, bei besonderen Anlässen in Bibelworten oder Versen ihre Winke und Ratschläge meist telegraphisch zum Ausdruck zu bringen. Aus den Briefen, die das Mütterlein an ihn geschrieben hat, geht hervor, wie sie alle seine Entschließungen und Schritte vor dem Angesichte Gottes überprüfte und ihm dann leise Winke gab. Es ist ein eigenartiges seelsorgerliches Verhältnis von Zartheit und Tiefe gewesen. Im Jahre 1893, als es sich um den Fortgang von Heidelberg nach Essen handelte, schrieb sie: »Lieber Bruder, Ihre Nachricht kam mir nicht unerwartet. Es war mir in der letzten Zeit oft, wenn ich für Sie betete und wenn ich über Ihre bisherige Führung nachdachte, wie Jesus Sie zu einem ›schönen Gang‹ einüben will und dann — erschrecken Sie nicht! — eine leise Angst, Sie möchten in einen ›eigenen‹ Wirkungskreis hineinkommen, als ob er Ihnen bald ein, wenn ich so sagen darf, begrenztes Arbeitsfeld geben würde. Ich glaube, Sie kennen mich so weit, daß ich Ihnen nicht sagen muß, wie ich vor jenem beschaulichen Christentum fliehe, das sich in selbsterwähltes Nichtstun hüllt und in eigener Geistlichkeit Jesus nachfolgt. Wenn ich auch fünfzehn Jahre nach meiner Bekehrung in völliger Stille nach außen lebte, so war es eine Zeit, da die Pflanze Wurzeln, tiefe Wurzeln faßte, um nun seit jener Zeit, achtzehn Jahre, in ununterbrochener Kraft Minute für Minute das zu tun, was Jesus sagt. Ich hatte also nicht Angst, lieber Bruder, auch nicht die leiseste, daß Sie zu viel arbeiten. Nein, ich rufe Ihnen zu: Dienen Sie , geben Sie Ihr Leben hin — aber auf sein Wort. Und das ist der Segen einer eingerahmten Tätigkeit, daß man vor Nichtbefohlenem bewahrt bleibt.«

Fräulein Sprenger stammte aus einer Basler Familie und war viele Jahre an der Taubstummenanstalt in Riehen als Lehrerin und später als Mitarbeiterin von Samuel Zeller in Männedorf tätig. In Dinglingen hat sie ein eigenartiges Werk aufrichten dürfen. Die Arbeit begann damit, daß Fräulein Sprenger zwölf taubstumme Kinder in ihr Haus aufnahm und zu ihrer Pflege Töchter heranzog, die im Haushalt gründlich unterwiesen wurden und zugleich eine innere Erziehung für das Leben und für das Reich Gottes empfingen. Im Glauben innig mit ihr verbunden waren die beiden gesegneten Brüder, Lehrer Max Schweickhardt und Kaufmann Carl Schweickhardt. Der letztere gründete eine Druckerei mit einem Verlag für christliche Schriften, die im Laufe der Jahre immer größer und umfangreicher wurde. Und noch andere kleine handwerkliche Betriebe siedelten sich bei ihrem Hause an. Fräulein Sprenger bewohnte nur ein Zimmer; alle andern Zimmer hatte sie für die vielen Gäste bereit, die zu ihr kamen, um ihren seelsorgerlichen Trost und Zuspruch zu empfangen. Unvergeßlich ist es mir, wie sie selbst an ihre Pforte kam, die Siebenundachtzigjährige, und mir öffnete, eine Gestalt, in der der klare Friede Gottes und zugleich ein liebendes, seelsorgerliches Auge mir entgegenleuchtete, eben das Auge einer Mutter in Christus. Noch kein graues Haar war auf ihrem Scheitel, und in der Kraft des Herrn ging sie einher, ihr Leben ganz hinopfernd in dem Dienst des Herrn. Eine Beterin, die mit ihren Gebeten viele herausgeseufzt und errettet hat. Jemand, der sie genau kannte, sagte, sie habe viele bittere Tränen geweint um die Seelen derer, die sie auf ihr Herz genommen hatte.

Abgeschlossen verlebte sie die letzten Wochen ihres Lebens. Sie wollte den steilen, letzten Berg, der zur Herrlichkeit führt, allein gehen und nicht von Menschen in diesem großen letzten Kampf gestört und abgelenkt werden. An einem der letzten Tage ihres Lebens telegraphierte sie nach Liebenzell die Worte: »O wie bald kannst du es machen, daß mit Lachen auch mein Mund erfüllet sei! Du kannst durch die letzte Türe träumend führen und machst uns auf einmal frei!« Die Antwort wurde ihr zurückgegeben: »Sie tragen seinen Namen an ihren Stirnen.« Auf ihrem Grabstein stehen nur die Worte: »Eine Mutter«.

Frau Hilda von Diest

Frau Hilda von Diest, Gattin des Generalleutnants von Diest, war eine Frucht der seelsorgerlichen Arbeit, die Pfarrer Coerper im Straßburger Diakonissenhaus getan hatte. Ihre erste Begegnung war im Jahre 1897, als sie aus dem Norden zusammen mit ihrem Mann in die Garnisonstadt Straßburg im Elsaß einzog, weil er in seinem Beruf dorthin versetzt war. Dort war sie nach langem Suchen zum klaren Frieden gekommen. Das »Mütterlein« in Dinglingen hatte ihr die letzte Handreichung zum Glauben tun dürfen. Seit der Zeit verband sie eine tiefe, unauslöschbare Dankbarkeit mit dem Knecht Gottes, der ihr den Weg des Lebens gewiesen hatte. Sie sagt selbst darüber:

»Unter der Aufsicht dieses geliebten geistlichen Vaters — denn das war er mir geworden — durfte ich die ersten Schritte tun im Reiche Gottes. Ich durfte es lernen, daß der Geist Gottes mich leiten würde, um, in der ersten Liebe stehend, dann auch freudige Bekenntnisse der Welt gegenüber abzulegen. Wieviel Gelegenheit gab es dazu! Denn wir waren fast jeden Abend in Gesellschaften, die mein Mann in seinem Berufe bei den Vorgesetzten nicht ganz absagen konnte. Ich durfte in solchen Tagen der Fürbitte des lieben Pfarrers Coerper gewiß sein. So trug mich der Herr durch alle Freuden und auch durch allen Ernst der ersten Zeit der Nachfolge.

Es dauerte gar nicht lange, da war die liebe Familie Coerper unterwegs nach Hamburg, um den deutschen Zweig der Missionsarbeit der China-Inland-Mission zu übernehmen. Nun galt es für mich, vorläufig Abschied zu nehmen von dem lieben Hause, das mir so unendlich viel Segen gebracht hatte. In Hamburg, als meiner Vaterstadt, war ich im Jahre etliche Male bei meiner geliebten Mutter und dadurch auch in mancher Stunde bei Pfarrer Coerper zu Besuch. Wie war es da herrlich, die Wahrheiten wieder aus seinem Munde zu hören! Wie wußte er in feiner Weise einem klarzumachen, daß es kein Stillstehen gibt, sondern ein Vorangehen auf dem Wege der Heiligung! Jeremia 4,3: ›Pflügt ein Neues und säet nicht unter die Hecken!‹ Mit Liebe wies er auf den Mangel hin, den er unter den Hecken meines geistlichen Lebens hier und da entdeckte. Wie war mir seine Fürbitte und auch das gemeinsame Beten so unendlich viel wert! — Ich bat ihn dann, auch meine Mutter zu besuchen, die eben durch Herrn Elias Schrenk zum Glauben geführt worden war. So hatte ich von dieser Zeit an die Freude, die Familie Coerper und auch die Zöglinge, die damals im ersten Missionshaus in Hamburg in der Ausbildung für den Missionsdienst standen, bei meiner Mutter in Othmarschen im fröhlichen Beisammensein zu treffen. Singend gingen wir dann zusammen spazieren durch den großen Park bis hinunter an den Elbestrand.

Für mich kam dann 1901 der Abschied von Straßburg. Mein Mann wurde als Generalstäbler oft versetzt und nun nach Stettin bestimmt. Ich hatte bei Pfarrer Coerper in Straßburg die liebe Schwester des Stuttgarter Diakonissenhauses, Lina Stahl, kennengelernt, und als wir uns dort das letztemal trafen, bat sie mich, nicht zu versäumen, bei ihr vorher noch in Bad Liebenzell in der Schlayerburg einen Besuch zu machen. So geschah es, daß ich nach Bad Liebenzell kam und von Schwester Lina lieb aufgenommen wurde. Sie zeigte mir den wunderschön angelegten Berg in ihrer nächsten Umgebung und führte mich zur Villa Lioba, wo damals Pfarrer Blumhardt (Sohn des bekannten Johann Christoph Blumhardt) wohnte, um ihn auch kennenzulernen. Ich freute mich dabei über die schönen Anlagen, die Kommerzienrat Vollmüller aus Vaihingen a.d. Enz für seine liebe Frau hatte herrichten lassen. Außer der Villa Lioba stand noch das dazugehörende Schwarzwaldhaus, der Pferde- und Kuhstall (später Haus Nazareth), wohin mich überall Schwester Lina führte. Dann sagte sie mir: »Ich habe vom Heiland den Auftrag, zu glauben, daß dieser Berg noch ganz dem Heiland dienen soll.« Bei einem andern Besuch sagte sie zu mir: »Vergessen Sie Liebenzell nicht! Es muß ganz für den Heiland werden, und helfen Sie bitte mit dazu.« Darauf habe ich geantwortet: »Ich muß jetzt ins ferne Pommern und kann jetzt nicht viel für Liebenzell tun, als nur in der Fürbitte treu bleiben.«

Nachdem unser lieber Pfarrer Coerper mit der ganzen Mission nach Liebenzell übergesiedelt war, war ich jährlich ein- oder zweimal mit meinem lieben Mann zusammen Gast auf dem Berge und freute mich, wie nun auch er unter die Wortverkündigung meines lieben geistlichen Vaters so gern mitkam und aufhorchte bei allen Wahrheiten, die nun auch in sein Herz allmählich hineintröpfelten. Bei den Besuchen in Liebenzell wohnten wir stets im Schwarzwaldhaus. So sah man uns auch alle im Frühling auf den Wiesen des Anwesens Heu wenden. Niemand brauchte zurückzustehen in dieser herrlichen Aufgabe, das, was Gott hat wachsen lassen, ernten zu können. Täglich durfte ich mit Herrn und Frau Pfarrer Coerper Gebetsgemeinschaft finden, bis dann wieder die Stunde der Abreise nahte. Das Gebetsleben dieses treuen Knechtes Gottes war mir vorbildlich, wie er die einzelnen Seelen mit ihren Nöten auf dem Herzen trug, wozu ich ja auch manchmal gehörte. Gebetserhörungen, die er auch über meinem Leben machte, gaben viel Anlaß zu danken.«

Frau von Diest, die später auch Mitglied des Komitees der Liebenzeller Mission war, wurde die treue, opferbereite Helferin, man darf sagen »Patronin« des Liebenzeller Missionswerkes. Kurz vor dem ersten Weltkrieg erwarb sie die am Missionsberg anliegende Schlayerburg und machte Liebenzell zu ihrem bleibenden Wohnsitz. Sie nahm das ganze Werk der Liebenzeller Mission auf ihr betendes und gebefreudiges Herz. Alles, was der Herr ihr an irdischen Gaben verliehen hatte, stellte sie in den Dienst des Herrn in der Liebenzeller Mission, war aber für sich selbst äußerst sparsam. Die Weisheit ihres Gebens bestand darin, daß sie sich für die neuen, besonderen Aufgaben in der Mission in notwendigen Häusern und besonders für die einzelnen Missionsgeschwister einsetzte. Gott vergelte ihr, was sie in hochherziger Liebe an dem Werk in langen Jahren der Treue getan hat! »Wer da sät im Segen, der wird auch ernten im Segen«, wie geschrieben steht: »Er hat ausgestreut und gegeben den Armen; seine Gerechtigkeit bleibt in Ewigkeit!«

Der Bau des Missionshauses

Die Arbeit wuchs von Jahr zu Jahr. Aber noch war kein Haus da mit einem geräumigen Saal, wo die größeren Zusammenkünfte und vor allem die größeren Feste gefeiert werden konnten. Dies machte sich besonders bemerkbar, als sich im Jahre 1904 für die Abordnung die Kirchentür nicht öffnete. Doch da schenkte Gott so herrliches Festwetter, daß man in der Wandelhalle und um dieselbe herum am Bergabhang, auf dem Rasen lagernd, eine ansehnliche feiernde Schar begrüßen durfte. Aber es war nur ein Notbehelf. »Und doch mehr als ein Notbehelf«, erzählte Pfarrer Coerper, »es war ein Wink der Gnade von oben, daß wir mit froher Glaubenshand die Verheißung unseres Gottes fassen und auf eigenem Boden ein Missionshaus erbauen sollten. Der Bau dieses Hauses ist eine Kette von Wunderhilfen Gottes, so daß man buchstäblich sagen konnte, das Haus wurde auf den Knien erbaut. Viele Freunde fühlten sich verpflichtet, für den Bau des Hauses einzutreten.« Fabrikant Johannes Blank erzählt, daß das Missionshaus soweit fertiggestellt war bis auf den Dachstuhl, und der kostete RM 5 000. Er eilte zu Pfr. Coerper und sagte: »Der Dachstuhl muß gekauft werden, aber die Missionskasse ist leer; ich stelle einen Wechsel aus, nach 3 Monaten ist die Kasse wieder voll, und wir können den Wechsel einlösen.« »Nein«, sagte Pfr. Coerper, »das tun wir nicht. Wir wollen jetzt den Herrn bitten, daß er uns die RM 5 000 schickt.« Wir beteten, und der Herr antwortete. Einer sandte 5 000 Mark mit der Unterschrift: »Auf Befehl meines himmlischen Chefs«, und das gerade an dem Tage, an dem vormittags der Beschluß gefaßt worden war, die Arbeit, die man länger hat ruhen lassen müssen, im Glauben wieder frisch aufzunehmen.« Pfarrer Coerper sagt weiter: »Es war uns ein Anliegen, wöchentlich das Geld zu haben für die Auszahlungen unserer Arbeiter und auch für die Anschaffung aller Rohstoffe, die wir zum Bau benötigten. Waren wir doch entschlossen, nicht weiter zu bauen, als der Herr Geld darreichte. Die Zahltage bildeten eine herrliche Reihe von Eben-Ezer des treuen Gottes. Als das ganze Haus fertiggestellt war, war es auch bezahlt. Wir hatten keine andern Schulden als nur Dankes- und Liebesschulden.« Als am 8. Juli 1905 der Grund gelegt wurde, wurden in der Urkunde folgende Worte niedergelegt: »Dies Haus sei ein Bethaus, wo man den Vater anbetet im Geist und in der Wahrheit, wo Jesu Gnade vielen verlorenen und verirrten Seelen begegnet und wo der Heilige Geist allezeit wirken und wohnen kann in gedemütigten und zerschlagenen Herzen. Es sei ein Haus gegen den Geist der hoffärtigen Kritik des teuren Gotteswortes und gegen die Lauheit und Schlaffheit und Weltförmigkeit einer entarteten Christenheit, welche mit dem Weltgeist liebäugelt. Es sei eine Friedenswohnung, wo Gottes Volk belebt, gereinigt, erquickt und vertieft wird, wo reines Evangelium allein zu Recht besteht und wo unter der Zucht des Heiligen Geistes Friedensboten ausgebildet werden, die imstande sind, die gute Botschaft ihres himmlischen Herrn in Kraft hinauszutragen zu vielen, besonders zu den Millionen der Heidenwelt.«

Als erster theologischer Mitarbeiter trat Pfarrer Horst im Jahre 1907 ins Werk ein, der elf Jahre dem Leiter treu zur Seite stand.

Pfarrer Coerper hatte einen ausgesprochenen Sinn für das Schöne. Kein Haus auf dem Missionsberg ist im Anstaltsstil gebaut. Jedes Haus paßt sich der Schwarzwaldgegend an. Beim Bau und schon bei der Planung des Missionshauses war freilich von seiten der Kreisbaubehörde die Forderung gestellt, daß es stilmäßig in den Schwarzwald passen müsse. Deshalb ist der ganze obere Teil für die Wohnungen in Fachwerk errichtet. Während des Baues war Pfarrer Coerper Bauleiter, wie er in der Ökonomie Landwirt war. Er war zwar kein Organisator, ebensowenig wie sein älterer Bruder. Aber er hatte einen praktischen, ordnenden Sinn, und sein Auge ging über den ganzen Missionsberg.

Das Missionshaus enthält viele Zimmer für die Brüder und einen praktisch gebauten, ansehnlichen Saal, der jedoch im Laufe der Jahre mehrfach umgebaut werden mußte. Wie viele gesegnete Feiern und Konferenzen hat dieser Saal schon erleben dürfen! Seine Stätte ist geweiht durch all die Gebete und Zeugnisse der Gläubigen, die da laut geworden sind. Der Zweck dieses Hauses ist ein umfassender. Es werden darin nicht bloß Brüder und Schwestern für die Heidenmission, sondern auch für die Heimatmission ausgebildet. Denn Pfarrer Coerper gewann mehr und mehr die Überzeugung, daß heimische Volksmission und äußere Mission unzertrennlich zusammengehören und zusammen betrieben werden müssen. Aber die rechten Brüder und Schwestern mußte der Herr schenken, ebenso die rechte Art ihrer Ausbildung. Pfarrer Coerper sagte: »Wir suchen unsern Zöglingen eine gründliche Ausbildung in den wirklich notwendigen Fächern zu geben; aber wir wissen auch, daß das bloße Wissen aufbläht. Darum ist uns die innere Erziehung durch Gebet, Vermahnung und Seelsorge, daß sie Menschen Gottes werden, bereit zu jedem Dienst des Zeugnisses und der Liebe, das wichtigste Ziel. Nur Menschen mit zerbrochenen Herzen, die sich ihrem Herrn freudig und gern zur Verfügung stellen, können gesegnete Werkzeuge in seiner Hand werden.« Neben der Ausbildung des Geistes steht ein reiches Maß körperlichen Dienstes in dem großen Missionsanwesen. Da vergeht jede falsche Höhe; man wird einfältig und bescheiden und willig auch zu den unscheinbarsten Diensten.

Der Wandel der Zeiten und das Wachstum des Werkes tritt in Erscheinung durch die Tatsache, daß man auf dem Missionsberg mit einem Handkarren anfing und dann zu einem Eselsfuhrwerk überging — davon werden gelungene Geschichten erzählt —, mit einem geschenkten Pferdefuhrwerk weitermachte, um heutzutage mit einem Lastauto die Fuhren auf den Missionsberg hinaufzuschaffen. Dazu gehörte verständlicherweise der Umbau, die Erweiterung und schließlich die Modernisierung durch eine wesentliche Verbreiterung der Faahrstraße und eines Gehwegs, um bei den großen Festen, zu denen in späteren Jahren Tausende kamen und immer noch kommen, genügend Raum für den Verkehr zu haben. Dabei hat die Stadtverwaltung sich immer hilfreich gezeigt.

Lassen wir nun unsern Blick von der Ausbildungsstätte der Missionare hier in der Heimat hinausfallen auf das Kampffeld unserer Geschwister in China.

Der Anfang der Missionsarbeit in China geschah unter den denkbar schwierigsten Verhältnissen. Pfarrer Coerper erzählt:

»Als wir im Jahre 1900 unsern Bruder Heinrich Witt als ersten Boten hinausgesandt und dann bald darauf vier bereits in China stehende Schwestern übernommen hatten, brach der schreckliche Boxeraufstand aus. Die Finsternis wütete in beispielloser Weise nicht bloß gegen die Ausländer, sondern auch gegen die Mission, ähnlich wie zur Zeit der ersten Christenverfolgung. Viel Märtyrerblut floß. Unsere Geschwister entkamen durch Gottes Gnade dem sichern Tode, wenn auch unter viel Angst und Gefahr. Wie dankbar waren wir, daß der Feind das schwache Pflänzlein nicht im Keim ersticken durfte! Da der Aufstand sich aber nicht nur gegen die Mission, sondern auch gegen die Kaufleute richtete, entstand in Deutschland ein gewaltiger Sturm. Man wollte die Mission und das Christentum dafür verantwortlich machen, daß durch sie das so friedsame chinesische Volk aufgestachelt worden sei. Man verhüllte damit die wahre Tatsache, daß die politische und geschäftliche Eifersucht zwischen den Völkern die Ursache des Aufstandes war. Man denke nur an den Opiumkrieg 1840-42, durch den die Chinesen gezwungen wurden, Opium aus Indien als Handelsware zuzulassen. Auch andere ungerechte Verträge schürten den Nationalstolz und Haß der Chinesen. Die Völker Europas wollten die besten Plätze Chinas unter sich aufteilen und sich aus der großen Chinesenhaut einen Riemen schneiden für ihren eigenen Nutzen.

Aber in jedem Unglück hat Gott seine verborgene Hand. Die Selbstlosigkeit hinsichtlich der Ersatzforderungen, die in der evangelischen Mission, auch besonders in der China-Inland-Mission, offenbar wurde, brachte viele Heiden und auch die chinesische Behörde zum Nachdenken. Gerade damals um 1900 öffnete sich die Provinz Hunan. Das verschlossene Hunan, diese Hochburg des Fremdenhasses, die sich mit aller Kraft gegen das Eindringen des Christentums gewehrt hatte, konnte nun endlich, wenn auch 25 Jahre später als alle andern Provinzen, in die Missionsarbeit einbezogen werden. Diese Provinz sollte das Arbeitsgebiet der Liebenzeller Mission werden.«

In einem Büchlein »Pionierarbeit in Hunan« (von W. Broomhall) hat Pfarrer Coerper ein Vorwort geschrieben, in dem sich sein heißer Missionsdrang ausspricht. Er sagt:

»Das Büchlein richtet die herzdurchforschende Frage an alle Christen, was ihr eigener Glaube bisher vermocht hat, was sie selbst getan haben für das Werk Gottes da und dort in der Welt und was sie zu leisten imstande und bereit sind.

Das Büchlein möchte dazu dienen, besonders den Kindern Gottes es gründlich zu verleiden, zu den Leuten zu gehören, welche ihres großen Herrn Heilswillen mit den verlorenen Millionen nicht kennen oder nicht achten, ja denen es vielleicht sogar ein Anliegen ist, möglichst im unklaren darüber zu bleiben, um sich auf diese Weise ihrer großen Verantwortung leichter entziehen zu können. Solche Christen haben ja weder Lohn noch viel weniger eine Krone, wohl aber Streiche zu erwarten (Lk 12,48).

Dann soll auch das Büchlein über die Schwierigkeiten und die Bedürfnisse einer Arbeit für den Herrn im Heidenlande ein wenig unterrichten helfen, damit unsere Herzen mehr dafür erwärmt werden — denn was man nicht kennt, kann man auch nicht recht lieben — und damit manche Hände mehr denn je sich bereit finden lassen, ihre Kräfte und Mittel, welche ihnen von Gott anvertraut sind, wieder dem Herrn zu seinem Dienst zur Verfügung zu stellen.

Und endlich will es zeigen, welche Segnungen zu seiner Zeit aus des Herrn Hand fließen als Antwort auf Gebete, wie wunderbar noch heute die Taten des Herrn sind und wie groß die Veränderung sich da zeigt, wo des Herrn Hand und Odem wirken können.«

Der Vater der Missionare

Mit großer Treue hat Pfarrer Coerper die Geschwister auf dem Missionsfelde gepflegt und ihnen mit weisem Rat zur Seite gestanden. Es war ihm nicht vergönnt, selbst auf die Missionsfelder hinauszuziehen. Sein bewährter Mitarbeiter, Pfarrer Kühn, machte eine Inspektionsreise für ihn, während bereits in früheren Jahren die Brüder Kaul und Kirrmann »zur Stärkung der Geschwister und Regulierung mancher notwendigen Einrichtung« Reisen auf die Missionsfelder gemacht hatten. Auf die Frage, die manchmal an ihn gerichtet wurde: »Sind Sie schon in China gewesen?«, gab er die Antwort: »Ich kann mit Aufrichtigkeit sagen, nicht einmal, sondern täglich mache ich Besuche in China, und zwar auf sämtlichen Stationen, bei allen Geschwistern und deren Kindern und auf ihren Arbeitsgebieten.«

Eine Missionarin erzählt: »Als ich zum zweitenmal nach China zog, begleitete Herr Pfarrer Coerper uns drei Schwestern nach Genua. Er wollte die Reise etwas kennenlernen. Er wollte sehen, wo wir in Genua untergebracht werden konnten und wie es auf dem Dampfer war. Wir hatten vor der Abreise viel aus dem Buch Josua gelernt. Als er das bunte Leben auf dem großen Dampfer sah und das ganze weltliche Treiben, wurde das Herz des treuen Missionsvaters sehr bewegt. Er drehte sich plötzlich zu uns um und sagte mit ernster Stimme: ›Kinder, ihr seid aber auf heiligem Boden.‹ Als der Dampfer sich später in Bewegung setzte und er am Ufer stand, sahen wir, wie ihm die Augen übergingen, und wir hörten noch einmal seinen letzten Zuruf vom Ufer aus ›Kinder, auf heiligem Boden, vergeßt es nicht!‹ Das Wort blieb sitzen. Ich habe es nie vergessen können.«

Wie hat er den Geschwistern draußen in Briefen und Rundschreiben den Glauben gestärkt!

Er ermunterte sie vor allem, in den Sprachstudien

nicht zu erlahmen. An einen Bruder schrieb er: »Es freut mich auch, daß Sie trotz der mangelnden sprachlichen Ausbildung sich schon einigermaßen zurechtfinden können. Es gibt eine alte Regel für Lernende, die heißt: ›Keinen Tag ohne eine Linie!‹ Da sollte man jeden Tag wenigstens eine Linie lernen und sich eine bestimmte Zeit vornehmen, wo man sprachlich etwas lernt. Das macht auf 365 Tage schon viel im Jahr.«

Er hob die Geschwister in den Seelsorgebriefen über die Schwierigkeiten der Arbeit hinweg und schrieb in einem Rundschreiben:

»Wenn nun eine Schwierigkeit die andere ablöst, so ist das in christlicher Beziehung ganz normal. Wir müssen durch Schwierigkeiten hindurchgehen, und zwar betend und dankend. Je größer die Not, desto näher und größer der Helfer! Der Herr stellt uns auf ernste Proben, aber er läßt uns lernen, uns zu freuen, wenn wir in mancherlei Proben und Anfechtungen hineinkommen. Wie sollten wir uns denn bewähren, wenn das nicht käme! Jetzt hat unser Glaube Gelegenheit, seine Echtheit zu beweisen. — Ich erbitte Euch ein von Freude allezeit überströmendes Herz und gesalbtes Angesicht. Das wird Euch in der Arbeit am meisten zugute kommen, wird auch den lieben Chinesen am ersten Mut machen, mit Hand anzulegen, wenn sie sehen, wie gut Euer Herr ist und wie er Euch in der Not freudig und getrost macht. Dieser praktische Beweis unserer Seligkeit im Herrn wirkt mehr als viele Worte und viele Belehrungen, ist natürlich aber nur möglich, wo diese Freude die Folge davon ist, daß der in uns seine Macht entfalten kann, der gesagt hat: Ich bin gekommen, daß sie das Leben und daß sie es überströmend haben sollen. Sein überströmendes, herrliches Gottesleben ist unser Teil, wenn er in uns wohnt, wirkt und regiert.«

Als Vater und einstiger Lehrer der Missionare und Missionsschwestern kennt er sie vom früheren Unterricht und Probedienst in den Gemeinschaften hinreichend gut, so daß er ihre Herzen stärken kann besonders in der Geduld des Glaubens, die wartet, bis die Frucht von Gott geschenkt wird: »Ihr Lieben müßt Euch in der Missionstugend der Geduld und des Wartens weiter üben, bis der Herr die Schranke hinwegräumt. Ich würde mich aber an Eurer Stelle nicht dem verhängnisvollen ›Wenn‹ hingeben. ›Wenn wir die Lobgesänge miteinander singen könnten‹... wenn und wenn!

Was mein Herz erfreut,
Ist das sel'ge Heut!
O wer sagt's, wie kostbar ist
Die Gnadenzeit!

Heute ist ein vollkommener, allgenugsamer Heiland uns nahe, Euch nahe, der ja doch ganz allein unsere tiefsten Bedürfnisse befriedigen und uns das neue Lied ins Herz und auf die Lippen legen und uns fruchtbar machen kann für unsere Mitmenschen.«

Er nahm den auf dem Missionsfeld stehenden Geschwistern die Furcht vom Herzen, die durch den Anblick der feindlichen Finsternis Platz greifen wollte: »Lassen Sie dem Feind nicht zu, Ihnen die mangelnden Verhältnisse in ... vorzuhalten, und fürchten Sie sich auch nicht davor. Ich las kürzlich etwas, was mich sehr interessierte: ›Ein Engel hatte mit einem König einen Vertrag gemacht, er wolle 5 000 seiner Untertanen schlagen; nachher wurden es aber 10 000. Als der Engel darüber zur Rede gestellt wurde, sagte er: 5 000 habe ich geschlagen, die andern sind durch Furcht umgekommen.‹ Die Furcht macht uns empfänglich für alle schädigenden Eindrücke. Darum mahnt der Herr so nachdrücklich den Josua, als er ihm seinen Auftrag gibt, daß er sich nicht fürchten soll. — Also weggeblickt von dem, wodurch der Feind drücken möchte, und aufgeblickt zu Jesus und in seinem Namen überwunden und gesiegt, das wird ein Segen sein und eine Niederlage für den Feind!«

Ganz besonders suchte er sie zu stärken in der Liebe zu den Chinesen, auch wenn sie auf den ersten Augenblick ein unsympathisches Wesen an den Tag legen sollten. So schreibt er: »Es ist gut, daß Eure Liebe zu den Chinesen durch das wenig gastliche Entgegenkommen, welches Ihr gefunden habt, auf die Probe gestellt worden ist. Dies brauchen wir, damit wir in der Liebe erstarken. Wir brauchen es, um uns um so fester an den lebendigen Heiland anzuschließen und Kraft anzuziehen, damit wir ihn immer mehr erproben und unsere Gemeinschaft mit ihm um so fester wird.«

Ein andermal: »Wir können überzeugt sein, daß ein Wandel in der Liebe die lauteste Predigt ist und die verständlichste, welche Sie halten können, nicht nur jetzt, sondern auch später, wenn der Herr Ihnen die Sprache geschenkt haben wird. Unsere Aufgabe ist nicht, von den Menschen Liebe zu verlangen, weder von Freund noch Feind, sondern ihnen Liebe zu beweisen. Dies ist uns selbst viel heilsamer und ist viel fruchtbringender für uns und andere, als wenn wir mit Forderungen und Erwartungen an die Menschen herantreten.«

Und dann wieder: »Man muß sich der gläubig gewordenen Chinesen recht annehmen und sie merken lassen, daß sie unsere Geschwister sind und daß man mit ihnen zu einem Volk des Herrn gehört. Es würde auch gewiß viel helfen, wenn man lernt, den andern höher zu achten denn sich selbst. Das verbindet die Herzen.«

Einem jungen Missionar schreibt er: »Ich freue mich, daß der Herr Euch eine neue Tür aufgetan hat. Der Herr wolle viel Weisheit geben, diese offene Tür zu benutzen! Die ersten Eindrücke, welche die Leute von uns empfangen, sind oft ausschlaggebend für lange Zeit, und die lebendigen Predigten sind die wichtigsten, die wir halten können. Nehmt Euch nur Zeit, mit den Leuten warm zu werden.

Wenn sie aber merken, daß man sie anpredigen will, nimmt sich aber keine Zeit, ihnen in Liebe entgegenzukommen, auch ein Ohr für ihre Wunderlichkeiten zu haben, da sie es doch nicht besser wissen, wie soll da Vertrauen gegen uns entstehen? Vergeßt nicht, daß Chinesen eine andere und sehr alte Geschichte und Kultur und damit andere Sitten und Gebräuche, andere Gewohnheiten des Anstandes und ein ganz anderes Familienleben haben. Diese alle kennenzulernen und nicht zu kritisieren, bedarf es vieler Geduld und verständnisvoller Liebe und Anerkennung des Andersseins. Also ich denke, es ist besonders wichtig, wenn Ihr solche kurzen Besuche macht, daß diese Besuche nicht zu kurz sind und daß Ihr die Leute Euer Herz finden laßt und dann auch das Herz der Leute wiederum findet. Haben sie Vertrauen zu uns gefaßt, so ist ein großes Stück Arbeit bereits getan. In China ist diese Art zu arbeiten auch deshalb nicht schwer, weil die Chinesen bekanntlich sehr viel Zeit haben. Allerdings ist es für Euch eine gewisse Schwierigkeit, so viel Zeit den Chinesen zu widmen. Aber der Herr kann dies geben, daß man für sie so viel Zeit hat, wie sie brauchen, um sich auszusprechen, damit ein Werk des Herrn getan werden kann.«

In seinen Rundbriefen an die Geschwister hat er mit allem Ernst den Finger auf Fehler und Schäden in der Missionsarbeit gelegt. Er schreibt im Jahre 1907: »Möge der Herr uns denn Gnade geben, daß niemand sich länger schleppe mit seinem Ich und dessen Ansprüchen, die uns ja immer nur enttäuschen und elend machen können. Laßt uns vielmehr einander helfen, um jeden Preis und gänzlich im Licht zu wandeln, damit das Blut Jesu uns alle reinigen und vor Gott wohlgefällig darstellen könne, auf daß dann auch sein Segen auf uns und unserer Arbeit ruhe.«

Er schließt diesen Rundbrief mit den Worten: »Nun lege ich diese Zeilen in Jesu Hand mit der Bitte, er selbst möge sie jedem von Euch weitergeben und Euer Ausleger dabei sein. Laßt bitte nicht den Feind den Ausleger dabei spielen, wozu er gewiß bereit ist. Betrachtet auch ein brüderliches Mahnen nicht als ›ein Behandeln als Zöglinge‹. Wer soll Euch denn ermahnen oder Euch zurechtweisen, wenn ich es nicht tue? Ich darf sagen, daß es mir fern liegt, es mit Freuden zu tun; aber es ist ja meine Aufgabe, meine Pflicht. Oder bedürft Ihr keiner Ermahnung mehr? Oder ›bin ich darum Euer Feind, daß ich Euch die Wahrheit sage‹? ›Wer sich gern läßt strafen, der wird klug werden; wer aber ungestraft sein will, bleibt ein Narr‹ (Spr 12,1). Dies Wort leuchtete uns vor einiger Zeit. Und so bitte ich Euch, nehmt das Wort der Ermahnung und Liebe auf mit sanftmütigem Geist und laßt uns dem Herrn, unserm Heiland, Freude machen!«

So hat Pfarrer Coerper den Geschwistern das Herz gestärkt und die müden Knie aufgerichtet und die strauchelnden Füße auf den Weg des Friedens gestellt. Das war für die Geschwister eine unendliche Wohltat, daß sie wußten, in der Heimat steht jemand hinter uns und hält uns den Rücken fest und warm und tritt für uns in den Riß bei Gott.

Im Kämmerlein

Vielleicht war das Größte im Leben und Wirken von Pfarrer Coerper seine Treue im Kämmerlein. Es war ihm die tiefe Gewißheit ins Herz gedrückt: Es muß alles auf den Knien erbeten sein; denn wir können von uns aus nichts tun, sondern wir müssen alles von den Händen unseres Meisters empfangen. Über die hohe Bedeutung des Gebetslebens hat er den Geschwistern in der »Praktischen Stunde« eindrückliche Worte gesagt, die wir im Auszug wiedergeben; denn sie lassen uns einen Blick tun in sein eigenes Gebetsleben.

»Wenn ein Arbeiter im Reiche Gottes viel zu tun hat und er ist genötigt, etwas zu unterlassen, so sollte er stets etwas unterlassen, was weniger wichtig ist als das Gebet; jedoch sollte er dies nicht so tun, daß er die zu treuer Arbeit bestimmte Zeit fürs Gebet verwendet, weil er etwa zu träge oder lässig gewesen ist, sich des Morgens zur rechten Zeit zu erheben oder sonst seine Zeit treu auszukaufen. Ein solches Tun würde ja nur eine Beflekkung des Gewissens bringen, und er würde sich dadurch zu einem gesegneten Arbeiten unfähig machen. Er soll vielmehr nach dem Grundsatz sein Gebet üben, welchen Luther aussprach mit den Worten: ›Heute habe ich viel zu tun, ich habe eine große Arbeit vor mir liegen, darum will ich mir mehr Zeit zum Gebet nehmen, und damit ich dies kann, will ich früh auf sein.‹ Versäumtes Frühaufstehen kann nur selten am Tag wieder eingeholt werden, und der Schaden schleppt sich nur allzuleicht durch den ganzen Tag hindurch. Jungfer Trudel von Männedorf in der Schweiz, die erfolgreiche Beterin, sagte: ›Der Krebsschaden des Volkes Gottes liegt in dem zerbrochenen Räucheraltar‹, d.h. an dem ungenügenden Gebetsleben.«

Er selbst nahm sich zum ernstlichen Gebet täglich die Zeit, der vielbeschäftigte Mann. Die Zeit, die andere mit dem Lesen von nötigen Büchern und Zeitschriften zubringen, brachte er im Gebet zu. Er opferte mehrere Nachtstunden, um diesen Dienst treu auszurichten. Er erinnert daran, daß die Apostel den Dienst am Tisch abgaben, um den Gebetsdienst recht ausrichten zu können. Und gerade die, die in der Front stehen und die Verantwortung in den Händen haben, sollten nach seiner Meinung für diese Aufgabe sich die meiste Zeit nehmen. Er stand jeden Morgen um 5.00 Uhr auf. Er hat das ganze Werk fast an jedem Tag durchgebetet: alle die vielen Menschen, Stationen, einschließlich der Gehilfen und Mitarbeiter. Er empfing jeden Fortschritt daheim und draußen als ein Geschenk seines Gottes auf inständiges, ernstliches Bitten hin. Man könnte fragen: Hat er zu viel gebetet? Kann man als Arbeiter im Reiche Gottes zu viel beten? Zu wenig beten kann man, und dies Defizit ist nicht nachzuholen und erschwert manchem Knecht des Herrn noch die Todesstunde und nimmt ihm die Freudigkeit am Throne Gottes. Aber zu viel kann man nie beten. Das Beten war bei ihm auch kein Seelenspiel, sondern ein kindliches, zuversichtliches Reden mit Gott. Vor ihm breitete er alles aus. Es klang schon so echt, wenn er sein Gebet mit den Worten begann: »Geliebter Heiland«, und es war nicht bloß Fürbittegebet, sondern es war Kampf um den eigenen Glauben. In seinem Amtskalender stehen im Jahre 1890 die Seufzer: »O Gott, der du so lieb bist, ich verspreche und schwöre heute fortan nur ein Ziel, nicht fünf, nicht zwei, nur eins, das ist deine Ehre! Das gib mir, weil ich es selbst nicht kann, aus Gnaden.« Zwei Tage später heißt es: »O, weshalb hatte ich so wenig Freudigkeit zu reden? Ist's immer noch meine Ehre, die im Wege steht? O, schneide sie mir ab, Vater!«

Wie viele Gebetserhörungen liegen in seinem Leben! Er hat in bestimmten Jahren die Gebetserhörungen einzeln notiert.

Aus der Essener Zeit erzählt ein Studienrat: »Silvester 1894 schneite ich selbst in eine Gebetstunde hinein; die hat auf mich, dem diese Dinge völlig fremd waren, einen außerordentlich starken Eindruck gemacht. Da war wirkliches Ringen mit Gott, Bitten, Nehmen, Danken aus innerstem Herzensgrund. Pfarrer Coerper entließ auch kaum einen Besucher, ohne mit ihm gebetet zu haben, und er legte Wert darauf, daß auch der andere betete. Manche werden mit mir den Eindruck gehabt haben: man ging von ihm nicht weg, ohne einen Segen empfangen zu haben. Denn er stand vor Gott.«

Welchen Eindruck sein starkes Fürbittegebet auf die Geschwister draußen gemacht hat, mag der Brief eines Missionars sagen: »Wohl das Größte war die Kraft seiner Fürbitte. Nicht nur, weil sie fast die ganze Erde umspannte, sondern wegen ihrer Treue und Gewissenhaftigkeit. Der Mann, der das Gebet als ein Machtmittel der Kinder Gottes anpries, übte es auch und machte wunderbare Glaubenserfahrungen. Wie oft versicherte er uns hier draußen, daß er täglich unser vor dem Herrn gedenke, und diese Worte gingen weit über den Rahmen der gewohnheitsmäßigen Versicherungen hinaus. Wir spürten etwas von der Gebetskraft, und mancher Sieg über die Finsternis wurde wohl in der Hauptsache ›hinter der schwarzen Tür‹, die sein Studierzimmer nach draußen und drinnen abschloß, erfochten. Zwei Erlebnisse haben tiefen Eindruck auf mich gemacht: Im Jahre 1922 fuhr ich im württembergischen Unterland einmal in der Eisenbahn. Ich traf eine badische Pfarrfrau, die mich wie folgt anredete: ›Was haben Sie doch für einen wunderbaren Mann in Liebenzell! Und wie glücklich dürfen Sie sein, einem Werke anzugehören, an dessen Spitze ein Beter wie Pfarrer Coerper steht!‹ Dann erzählte sie, daß sie einmal in der Lioba zur Erholung war. Des Nachts wachte sie auf, und da hörte sie über sich eine Stimme, die betete. Und die Frau hörte, wie er alle Glieder auf dem Berge, im Probedienst, in China, auf der Südsee usw. namentlich dem Herrn anbefahl und alle Bedürfnisse und Nöte des Werkes und der Einzelnen dem Herrn brachte. Ach ja, wie unermüdlich war er! — Das zweite Erlebnis hatte ich selber mit ihm. Kurz vor meiner ersten Ausreise nach China 1923 kam er nach H., um uns eine Versammlung zu halten. Danach saßen wir im engen

Kreise noch eine Zeitlang zusammen. Ich hatte damals noch viel Eingang ins dortige Zellengefängnis und hatte dort einen jungen Mann gefunden, der eine mehrjährige Gefängnisstrafe absitzen mußte. Dieser junge Mann war früher einmal vorübergehend Knecht auf dem Missionsberg gewesen, und davon erzählte ich Herrn Pfarrer. Wie horchte er auf, als er diesen Namen hörte, und ich war tief bewegt, als er mir sagte: ›O, das interessiert mich; ich bete für diesen Mann noch jeden Tag.‹ Er war ein treuer und gewissenhafter Beter. Was wäre wohl aus uns geworden, wenn uns der Herr nicht mit diesem Mann zusammengeführt hätte?«

Das ist das ernste Vermächtnis, das er der Liebenzeller Mission für alle Zeiten hinterlassen hat. Eine Gebetsmission müssen wir bleiben. Das muß unsere Stärke und unsere Kraft bleiben. Wir stehen vielleicht in manchen Stücken hinter den andern zurück. Aber in diesem Stück sollten wir nie zurückstehen. Dann bleibt die Frucht nicht aus. Denn der Herr Christus hat verheißen: »Wer in mir bleibt und ich in ihm, der bringt viele Frucht; denn ohne mich könnt ihr nichts tun.«

Die Zeltpflöcke werden weitergesteckt

Im Jahre 1851 hatte eine amerikanische Missionsgesellschaft auf den Karolineninseln der Südsee, zu denen auch Ponape gehört, Fuß gefaßt. Im Jahre 1887 kamen die Karolinen unter spanische Herrschaft. Dadurch begann auf den Inseln eine Art Gegenreformation von seiten der römischen Kirche, die vielfach mit Skrupellosigkeit und Grausamkeit durchgeführt wurde. Als diese Inselgruppen im Jahre 1899 von Deutschland käuflich erworben wurden, versuchten die zum großen Teil durch die Spanier vertriebenen amerikanischen Missionare die Arbeit wieder aufzunehmen. Doch konnte sie nicht wieder in Blüte kommen. Auch fehlte das rechte Einvernehmen zwischen den amerikanischen Missionaren und den deutschen Behörden. Da wandten sich die Amerikaner an den deutschen Jugendbund für EC, dessen damaliger Leiter, Pastor Blecher, die Arbeit mit Begeisterung aufgriff; denn er erkannte, daß ein Jugendbund nicht bloß Mission in der Heimat treiben, sondern auch die Fahne Christi in die weite Welt tragen soll. Der Jugendbund wandte sich seinerseits wieder an die Liebenzeller Mission mit der Frage, ob sie bereit sei, ihm einen Missionar für die Südsee abzugeben. Die Liebenzeller Mission willigte ein in der Zuversicht, daß die Jugendbündler sich stark machen würden, mit ihren Gaben und ihren Gebeten diesen Zweig der Mission zu tragen. Denn Pfarrer Coerper wollte nicht eine neue Last aufnehmen, die dem Hauptgebiet in China Abbruch tun könnte.

Gott segnete das Evangelium unter den braunen Leuten, daß es zu einer Erweckungsbewegung kam. In Tian auf Ponape stand während einer Versammlung ein alter Häuptling auf und rief: »Ich will kommen und Jesus nachfolgen!« Und wie viele heilshungrige Seelen auf der

Insel streckten wie er ihre Hände nach dem Sünderheiland und Retter aus und kamen zum Frieden!

Nachdem das neue Arbeitsgebiet in den deutschen Besitzungen der Südsee dem Liebenzeller Werk angegliedert war, ergab sich die Notwendigkeit, daß die Liebenzeller Mission eine selbständige deutsche Missionsgesellschaft wurde. So wurde im Jahre 1906 der Name »Deutscher Zweig der China-Inland-Mission« umgeändert in »Liebenzeller Mission (im Verband der China-Inland-Mission), Gesellschaft mit beschränkter Haftung«; denn das Vereinsrecht, um welches Pfarrer Coerper nachsuchte, wurde durch die heimatliche Behörde verweigert. Man hatte eben immer noch mit dem alten Mißtrauen zu kämpfen.

Eine wirkliche Hilfe war es, als im Herbst 1912 Pfarrer Uhlig aus Heidelberg sich bereit erklärte, als Missionssuperintendent auf die Südseeinseln zu reisen.

In derselben Zeit durfte auch der Häuptling Nanpei seine beiden Söhne zur Ausbildung nach Deutschland bringen. Manche Reise machte Pfarrer Coerper mit dem lieben braunen Bruder hin und her in den Freundeskreisen der Liebenzeller Mission, und es war eine Erquikkung, wie sie beide den Heiland rühmten und die Missionsarbeit den Seelen aufs Herz legten! (Die beiden Söhne waren dem europäischen Klima für die Dauer der Kriegsjahre nicht gewachsen und starben.)

Im Jahre 1914 wurde auch eine Missionsarbeit auf den Admiralitätsinseln, nördlich von Neu-Guinea, und zwar auf der Insel Manus, als ein kleines Reislein in die Erde gesenkt. Es war eine Anfrage von gläubigen deutschen Offizieren gekommen, ob die Liebenzeller Mission nicht bereit wäre, eine Arbeit in den deutschen Kolonien zu übernehmen, auf welchen bis dahin noch nicht gearbeitet wurde. Da in Liebenzell für diese Gebiete ein warmes Herz schlug, so faßte man den Mut des Glaubens, Anfang 1914 zwei Brüder nach der Insel Manus auszusenden. »Eine Missionsarbeit beginnen, heißt einen Eingriff in Satans Reich wagen. Da muß man sich gewiß auf Schwierigkeiten gefaßt machen; denn der Feind wird sich das nicht ohne weiteres gefallen lassen.« Die Arbeit begann auch sofort mit einer Glaubensprüfung. Als die beiden Brüder Doepke und Kraft eben unter viel Schweiß ihr schönes Haus fertiggestellt hatten, da geschah es, daß durch einen Windstoß eine Feuersbrunst entstand und vor ihren Augen das Haus total niederbrannte. Mit Tränen mußten sie zuschauen, ohne eine Rettungsmöglichkeit zu finden.

Das Weiterstecken der Zeltpflöcke trat auch in Erscheinung durch die neuen Häuser, die der Liebenzeller Mission angegliedert wurden. Schatzmeister Johannes Blank sagte einmal: »Pfarrer Coerper baut jedes Jahr ein Haus, oder wenn er keins baut, bekommt er eins.« Wir nennen: das Missionskinderheim in Müllheim/Baden (heute Gemeinschaftshaus), das Missionsheim in Brucken bei Kirchheim/Teck, das Erholungsheim in Calw-Stammheim (heute Altenheim), das Missionsheim Wassertrüdingen, das gemietete, romantisch gelegene Hofgut Waldeck (wurde später an den Besitzer zurückgegeben), usw.

Erweckungen in der Heimat

Durch die Liebenzeller Heimatbrüder, die hin und her in den Ortschaften Evangelisationsvorträge hielten, und bald darauf auch durch die Arbeit der Deutschen Zeltmission, an deren Spitze Evangelist Jakob Vetter stand, schenkte Gott im Schwabenland eine starke Erweckungsbewegung. Den erweckten Seelen begegnete man von seiten der älteren Gemeinschaften vielfach mit fragender und zweifelnder Zurückhaltung. Pfarrer Coerper hielt es darum für seine Pflicht, damit die Arbeit in ein gesundes Bett geleitet würde und nicht im Sande verlief, im Jahre 1910 die Süddeutsche Vereinigung für Evangelisation und Gemeinschaftspflege zu gründen, in Gemeinschaft mit Fabrikant Blank aus Calw, Professor Zimmermann in Korntal, Kaufmann Weißer in Bad Cannstatt und Evangelist Vetter von der Zeltmission. Pfarrer Coerper schreibt darüber: »Es sollte hin und her ein klarer Ton erschallen von der Notwendigkeit der Bekehrung und von der herrlichen Möglichkeit, durch die Gnade Gottes in Christus als Wiedergeborene eine lebendige Hoffnung zu besitzen und ein göttliches Leben zu führen. Wie unendlich viele Gläubige tappen in bezug auf diese Wahrheiten in gesetzlichem und unbefriedigendem Halbdunkel!« Die neuerweckten Seelen sollten gepflegt und zu einem neuen Leben erzogen werden. Diesem Zweck dienten auch die seit 1911 eingerichteten Bibelkurse in Bad Liebenzell. — Die Gründer der Süddeutschen Vereinigung waren sich dessen bewußt, daß sie eine Ergänzung zu den älteren Gemeinschaften bildeten. Man konnte den Unterschied mit den Worten bezeichnen: Neupietismus im Unterschied zum Altpietismus. Der Neupietismus war in der Grundlage des Glaubens mit dem Altpietismus einig; aber in der Heiligungslehre ging man etwas verschiedene Wege. Vielleicht kann man auch sagen: das Tempo des Glaubenslebens war ein anderes. In dem vertraulichen Schreiben, das zur Gründung der Süddeutschen Vereinigung führte, wurde gesagt: »Wir verkennen nicht die große Bedeutung und den Wert des christlichen Lebens, welches in den bereits bestehenden christlichen Gemeinschaften vorhanden ist. Wir sind uns bewußt, daß wir von denselben viel lernen können, und wir wollen uns auch von ihnen sagen lassen. Wir verhehlen uns aber auch nicht, daß in der von diesen Gemeinschaften oft geübten Ablehnung gesegneter neuer Lebenszuflüsse eine große Gefahr für diese Gemeinschaften liegt. Es kommt leicht dahin, daß jeder in seinem Geschmack und in seiner, wie man in Württemberg sagt, Eigenbrödelei sich selbst gefällt und genügt und die andern richtet, während gegenseitige Ergänzung und Belebung doch so außerordentlich notwendig und segensreich sein könnte. Dies bildet mit einen Grund, weshalb wir uns zu einem allgemeinen Süddeutschen Gemeinschaftsbund zusammenschließen möchten. Wir sehen uns genötigt, diesen Zusammenschluß zu tätigen, weil infolge der vom Herrn geschenkten neueren Erweckungsbewegung hin und her in unserm Vaterlande manche Seelen sind, die Leben aus Gott empfangen haben. Leider aber befinden sich viele von ihnen in nicht geringer Verlegenheit. Wir sind vor Gott verpflichtet, uns derselben anzunehmen. An manchen Orten bestehen wohl Gemeinschaften, aber dieselben tragen vielfach eine so starke Abneigung dem neuerwachten Leben gegenüber zur Schau, daß sie sich nicht scheuen, ihre Glieder sogar auszuschließen, wenn sie sich nicht ganz in den gewohnten und manchmal ziemlich erstarrten Geleisen bewegen. Und solcher alleinstehender, sich selbst überlassener Seelen und Kreise gilt es sich anzunehmen, auch auf die Gefahr hin, daß in manchen Orten neue Versammlungen entstehen. So wenig wir demnach die Absicht haben, bestehende Verhältnisse zu bekämpfen, so sehr beanspruchen wir doch auch, wo es nötig ist, das Recht der Existenz und Aufrichtung neuer Gemeinschaften.«

Herr J. Weißer, Korntal, erzählt von der ersten Mitgliederversammlung der Süddeutschen Vereinigung in Bad Cannstatt:

»Es ist mir unvergeßlich, wie Herr Pfarrer Coerper die erste Mitgliederversammlung in Bad Cannstatt geleitet und die Mitglieder als Glieder der Gemeinschaft aufgenommen hat. Aus dieser Stunde ist mir besonders eindrücklich, wie er auf der einen Seite den Ernst der Mitgliedschaft und auf der andern Seite die Schönheit der Mitgliedschaft verkündigte. Eine liebe Schwester, die auch einen Anmeldungszettel abgegeben hatte, sagte, als Herr Pfarrer Coerper ihren Namen aufgerufen hatte: ›Ich möchte mit der Mitgliedschaft lieber noch warten.‹ Herr Pfarrer Coerper sah sie an und sagte: ›Gelt, Sie möchten warten, bis Sie ›besser‹ geworden sind.‹ Man hatte den Eindruck, daß er ihr ins Herz gesehen hatte, und sie sagte unter Tränen: ›Ja.‹ Das glückliche Gesicht aber, als Herr Pfarrer Coerper ihr sagte: ›Wenn wir Sie aber trotzdem aufnehmen würden, gerade so, wie Sie sind, würden Sie dann Mitglied werden?‹ Sie wurde eins der treusten und gesegnetsten Mitglieder.«

Ein besonders treuer Mitarbeiter in der Süddeutschen Vereinigung war Professor Johannes Zimmermann von Korntal. Wie kennzeichnend ist sein Brief im Jahre 1913 an Pfarrer Coerper: »Als Ihr nach Württemberg kamet, hat's Euch wohl ordentlich gefröstelt ob des Empfangs, den Euch die Gläubigen im großen ganzen daselbst bereitet haben. Auch ich selbst bin leider zunächst etwas mißtrauisch gewesen. Aber ich habe bald Morgenluft gewittert. Und da man doch Bibelworte in ihrer vollen Kraft nehmen darf, möchte ich glauben, daß durch Gottes Gnade wirklich ein Stück Sonnenaufgang für die Höhen um Liebenzell und für eine Anzahl Kreise in Württemberg in Eurem Kommen liegt. Wie bin ich persönlich dem Herrn und Dir dankbar für die Verbindung mit Dir und Deinem Hause und der Süddeutschen Vereinigung! Wie aber der Sonnenaufgang erst einen schwachen Begriff gibt von der Sonne in ihrer Macht, so harre ich dessen, daß von Dir und Deinem Hause und der Süddeutschen Vereinigung noch eine viel größere Flut von Licht und

Wärme ausgeht nach Württemberg und Süddeutschland. Der Herr will's tun. Wir wollen allen Ernst daransetzen, daß die hindernden Wolken der Sonne, die vom Herrn ihr Feuer hat, nicht widerstehen können, sondern sich in unschädlichen Dunst auflösen müssen.«

Man kann wohl sagen, es war in dieser neuen Gemeinschaftsbewegung ein sieghafter, anfassender Geist, der aber an vielen Orten noch der Besonnenheit und Zucht des Geistes bedurfte. Viel Mühe, Zeit und Kraft hat Pfarrer Coerper eingesetzt, um das Feuer in diesen neuen Gemeinschaftskreisen zu hüten und zu reinigen. Einige Briefauszüge mögen das bestätigen:

»Laßt Euch nur nicht vom Feind abspeisen mit ein wenig Bewegung, wie sie eingesetzt hat, sondern habt Mut, Euch durchzubeten und von dem Herrn wirkliche Bekehrungen zu erwarten unter jung und alt. Das kann der Herr ganz gewiß geben.«

Und dann wieder: »Bleiben Sie nur dabei, auf klare Bekehrung zu dringen, sonst ist unsere Arbeit ein Schlag ins Wasser. Daß dies manchen nicht gefällt, darauf müssen wir uns gefaßt machen. Es darf uns aber nicht abhalten, als Zeugen Jesu die Menschen aufzufordern, den Herzens- und Gnadenbund mit Jesus zu machen. Die Aufrichtigen werden es hören und folgen; aber viele werden ihr gottloses Leben weiterführen, wie die Schrift es uns auch sagt. Wie wunderbar hat der Herr sich zu Ihnen bekannt! Da dürfen Sie getrost sein, er wird sich auch noch weiter zu Ihnen bekennen und auf Ihrer Seite stehen. Nehmen Sie sich der wenigen nur besonders an! Pflegen Sie die Schäflein und helfen Sie ihnen, ihr Leben ganz dem Herrn zu weihen! Ein Leben, welches wirklich ganz Gott geweiht ist, bringt dann wieder weiter Frucht, während halbherzige Menschen Gott im Wege stehen.«

Ein andermal sagt er: »...Aber zum Ernten bedarf es erst des Pflügens und Säens und Wartens in Geduld. Dann soll aber auch die Freudenernte kommen, zumal wenn wir verstehen, die Aussaat mit aufrichtigen Tränen der Liebe und Barmherzigkeit zu begießen. Vielleicht wächst es an manchen Orten so schwer oder gar nicht, weil zu wenig von dieser gesegneten Feuchtigkeit vorhanden ist! Natürlich ist dies nicht für Menschenaugen; aber Gott zählt bekanntlich unsere Tränen und sammelt sie und hört auf unser Flehen.«

Ein andermal schreibt er: »Oft bewegt mich der Gedanke, ob wir nicht die Kreise unserer Geschwister viel mehr dahin erziehen sollten, daß sie sich die Versammlungen etwas kosten lassen, d.h., daß sie sich aufmachen und auch ein Stück gehen, und daß nicht alle verlangen, daß regelmäßig gerade an ihrem Ort Versammlungen sind. Man sollte die Sache meiner Meinung nach so einteilen, daß man in einer Woche an einem Platz und in der andern Woche an einem andern und in der dritten an einem dritten Platz usw. die Versammlungen abhielte, daß dann die Gemeinschaftsglieder wechselten und die einzelnen Orte gemeinsam besuchten, sonst kommen wir ja niemals damit durch, daß wir alle Gemeinschaften richtig bedienen können. Die Anforderungen gehen ins Unermeßliche, wenn man so fortfährt. Ich will Euch nicht korrigieren und meistern; aber es ist ein Gedanke, der mich viel bewegt und den ich auch einmal aussprechen möchte. Ich glaube, es wäre oft ganz gesund, wenn die Gemeinschaftsleute sich den Besuch einer Stunde etwas kosten ließen. Man muß es ihnen nur in der rechten Weise nahebringen.«

Wie er Streit in den Gemeinschaften geschlichtet hat, erzählt ein Bruder: »Bei vielen Sitzungen und Besprechungen konnte man nie beobachten, daß Herr Pfarrer Coerper verwirrt, scharf oder kopflos wurde. — Einmal hatten wir eine ganz besonders schwierige Besprechung in N. Glieder der Gemeinschaft hatten sich entzweit und standen gegeneinander. Jeder suchte sein Recht zu beweisen. Da stand jemand auf und sagte: ›Wir sind alle schuld; es ist zu viel geschwätzt und zu wenig gebetet worden. Auf die Knie nieder, da gehören wir hin!‹ Alle sanken auf die Knie. Als man wieder aufstand und die Besprechung weiterging, kam ein Bruder mit seiner wohlgeordneten Aktenmappe, um schwarz auf weiß zu zeigen und klarzumachen, wie unrecht ihnen getan werde.

Da nahm Herr Pfarrer Coerper das Wort und sagte: ›Lieber Bruder, ich hätte auch viele Briefe einstecken können, habe aber keinen einzigen bei mir, sondern ich bin gekommen, daß wir ein großes Grab machen und durch die Liebe alle diese Dinge, die gegenseitig nicht recht waren, hineinlegen und die Gegensätze begraben.‹ Auf dieses Wort brach er das Eis, und sofort stand ein Bruder auf und bat den andern um Verzeihung. Das Grab wurde gemacht. Dann wurde über demselben bis heute gemeinsam in herzlicher Liebe weitergearbeitet für den großen gemeinsamen Herrn und König.«

In Bibelkursen suchte er die Gemeinschaftsleiter und dienenden Brüder zu stärken. In einem Bibelkurs vom Jahr 1915 gab er einige Winke zum Abhalten von Versammlungen. Da sagte er unter anderm: »Habe ich den Glauben, um überhaupt eine Versammlung halten zu können? Wenn die Frage beantwortet ist: bin ich bereit, eine Stunde zu halten, ein Werk zu tun im Namen des Herrn Jesus? so soll ich mir weiter darüber klar werden: will jetzt Jesus durch mich handeln? Ohne diesen Glaubensstandpunkt ist die ganze Arbeit gesetzliches Bemühen und ist als nicht aus dem Glauben kommend geradezu Sünde. Die Frage ist also vor einer Versammlung nicht die: darf ich etwas als Ertrag der Versammlung erwarten? Denn Gott selbst will in der Versammlung wirken durch das Zeugnis seines Dieners. Arbeiten ohne bestimmte Erwartung des Segens ist eine Spielerei, ja, es ist ein Frevel, ein Eingriff in Gottes Hoheitsrechte, ein toter Formalismus und ein Hindernis für das Werk Gottes. Was geschieht, ist Gottes Sache; darum soll man sich hüten, selbst etwas machen zu wollen, um etwa einen Erfolg verzeichnen zu können; aber man muß sich auch hüten, am Erfolg zu zweifeln, da Gott doch die Sache in der Hand hat.

Bei der Textwahl soll uns unsere große Verantwortung bewußt sein. Es handelt sich um Leben und Tod der Hörer. Jede Versammlung bringt Entscheidungen, und wenn diese Entscheidungen nicht für Gott fallen, so verhärten und verstocken sich die Leute. Es ist schon oft vorgekommen, daß, wenn Seelen zum erstenmal in eine Versammlung kamen, dies entscheidend für sie war. — Dies nötigt uns zur größten Gewissenhaftigkeit bei der Textwahl. Der Text soll von Gott unterstrichen sein, er soll von oben beleuchtet sein, er soll uns ergriffen und gesegnet haben. Wenn er uns die Botschaft von Gott gebracht hat, können wir sie weitergeben. Die Botschaft kann uns zuteil werden während des Gebets oder während des Lesens der Heiligen Schrift, während der Arbeit oder während der Betrachtung der Verhältnisse in der Welt, kurz, auf mannigfaltige Weise, nur daß das betreffende Wort Gottes oder die betreffende Wahrheit angefangen hat, in meinem Herzen zu leuchten und mich hinzuweisen auf seine Botschaft, die ich ausrichten soll. — Ist uns ein Text geschenkt, dann gilt es, sich denselben in der Stille verklären und vertiefen zu lassen. Darum sollte man sich Zeit nehmen, nicht nur über den zu behandelnden Text Gewißheit zu bekommen, sondern auch durch denselben sich segnen zu lassen.«

Von der Erweckungsbewegung in Süddeutschland wurde auch die Jugendbundarbeit befruchtet. »Pfarrer Coerper war einer der EC-Pioniere in Süddeutschland. Mit Herrn Pastor Blecher und Prediger Giebler aus Fellbach hat er für das EC-Werk in Süddeutschland bahnbrechend gewirkt. Am 12. Mai 1901 diente Pfarrer Coerper bei der ersten Süddeutschen Jugendbundkonferenz in Heidelberg. Bei der Gründung des Süddeutschen EC-Verbandes im Jahre 1904 wurde er zum ersten Vorsitzenden des Verbandes gewählt.«

Missionar Syring, der in die Mitarbeit des Jugendbundes gerufen wurde, erzählt: »Wie leuchteten seine Augen, wenn er unter seiner geliebten EC-Jugend war! Und unermüdlich und unter Einsatz seiner allerletzten Kraft war er, unser ehrwürdiger EC-Pionier, allezeit unter uns. In der Vertreterversammlung Ostern 1935 grüßte er noch einmal die Vertreterversammlung. Da sagte er u.a.: ›Ich grüße euch als ECler, weil ich auch ein solcher bin, und zwar ein alter ECler. Ich wünsche euch viel Gnade, daß ihr das Werk des Herrn vertreten könnt in der Kraft, die von oben kommt. Wenn wir in der Kraft des Herrn dastehen und streiten, dann werden unsere Worte durch den Heiligen Geist legitimiert, dann geschieht etwas. O daß wir uns nicht verlassen auf unsere Weisheit, unsere Kenntnis und Praxis, sondern auf den Herrn und seinen Geist...‹ Das war sein letzter Dienst und Gruß an den Südwestverband des Jugendbundes. Auf wie vielen Festen und Konferenzen des EC-Verbandes hat er die Jugend aufgerufen, in die Zahl der Streiter Jesu Christi einzutreten!«

Der Unterschied zwischen den christlichen Vereinen junger Männer und den EC-Jugendbünden lag auf derselben Linie wie der zwischen Alt- und Neupietismus. Aber je länger desto mehr glichen sich die Typen an; denn es ging bei beiden um denselben Christus und dasselbe Heil der Seele.

Die Liebenzeller Mission in den Wirren des Ersten Weltkrieges

Wieviel Hoffnung zerstörte dies Kriegsgewitter. Die fröhliche, schnelle Entwicklung war unterbunden. »Es kam vom Herrn, und der Herr will nie bloß zerstören, sondern er will auf dem Wege des Gerichts neue Gnade schenken. Der Missionsbau sollte unter den eisigen Winterstürmen der Völkerfeindschaft sich festigen und härten, um sich dann wieder um so kräftiger zu entfalten und Frucht zu tragen.«
Pfarrer Coerper sagte: »Wir sollten unter den Schlägen des Gerichtes Gottes lernen, daß er nur Gedanken des Friedens über uns hat. Unsere Häuser entleeren sich von allen jungen Männern, die in dem Bewußtsein, daß der Herr mit ihnen sei, sei es zum Leben oder zum Sterben zu den Fahnen zogen.«
Die Nachrichten überstürzten sich, und oft drang der ferne Geschützdonner auch in die stillen Schwarzwaldtäler. Wie die Frauen und Töchter Pflug, Säge und Beil ergriffen, in Geschäftszimmern saßen oder auf den Trittbrettern standen, um die Arbeit des Mannes oder des Vaters oder des Bruders, der im Krieg war, zu tun, so traten auch unsere in der Ausbildung stehenden Schwestern in Liebenzell für die fehlenden Brüder ein, damit in der Bedienung der Gemeinschaften möglichst wenig Stockungen eintreten sollten. Und der weite Missionsberg mit seinen Wiesen, Wegen und Häusern mußte in Ordnung gehalten werden. Jetzt mähten die Schwestern, fuhren das Heu ein und versorgten das Vieh. Wie gut, daß wir damals einige ausländische Hilfskräfte hatten und einsetzen konnten. Auch französische Kriegsgefangene wurden zur Verfügung gestellt, denen unser Schweizer Bruder Perret die täglichen Andachten übersetzte.

Mehrere Jahre hat Pfarrer Coerper keine Zeitung gelesen. Er sah es auch nicht gern, wenn die Gäste ausführlich die Zeitung lasen; er wollte, daß sie in dieser Zeit der Erholung einmal ganz gesammelt in die Gegenwart Gottes treten sollten. — Aber jetzt nötigte ihn die schwere Entwicklung der Lage, so daß er in der Zeitung die Ereignisse verfolgte.

Er nahm den lebhaftesten Anteil an den großen Fragen des Weltkrieges und suchte seinen Einfluß an den höchsten Stellen zur Geltung zu bringen.

An den Unterstaatssekretär Michaelis schrieb er in der Zeit der Verknappung der Lebensmittel einen Brief im Blick auf die ihm unbegreifliche Zuweisung von 900 000 Zentner Roggen an die Schnapsbrennereien. In diesem hieß es:

»Die Tatsache, daß täglich etwa 55 000 Zentner Gerste von den Brauereien verbraucht werden dürfen, bewegt doch weite Kreise unseres Volkes sehr schmerzlich und hilft sehr, die Unzufriedenheit in vielen Kreisen zu mehren. Ich selbst mußte mich auch oft fragen, wie es möglich ist und ob es recht ist, in einer solchen Zeit den Bier- und Schnapstrinkern so gut wie gar keine Zügel anzulegen. — Wäre es angesichts dieser Tatsache nicht möglich, Marken einzuführen, für welche man entweder einen Liter Bier oder 420 Gramm Getreide erhalten könnte? Denn so viel Brotgetreide wird durch einen Liter Bier verbraucht. Vielleicht wäre es auch möglich, einfach die Brotmarken zu vermehren mit der Bestimmung, daß Bier nur gegen Brotmarken abgegeben werden dürfe. Dann kann sich jeder für die vermehrten Brotmarken entweder Getreide oder Mehl oder Brot oder Bier kaufen. Das wäre einfach und gerecht. Auf diese Weise würde die einseitige Bevorzugung eines Genußmittels ohne Nährwert beschränkt, und es würde dadurch auch ein Alpdruck von manchen Herzen genommen, und manche Familie könnte sich auf diese Weise durch einen gewissen Zusatz von Brotgetreide, sei es Korn oder auch Gerste, sei es zur Bereitung von Nahrungsmitteln oder zum Füttern der Schweine und Hühner, helfen. Denn die Futtermittel sind tatsächlich zu knapp und zwingen manchen Viehbesitzer, mit schwerem Herzen das Vieh abzuschaffen. Dabei rollen täglich ungeheure Mengen von Volksnahrung durch die Kehlen der Bier- und Schnapstrinker, ohne denselben Kraft zu geben. Wieviel haben hierdurch die Bestgesinnten in unserm Volke schon gelitten!«

In einem andern Anschreiben an den Kriegsminister berührt er die Wahrung der Sittlichkeit im Heere.

Über das Erleben der Brüder der Liebenzeller Mission und über die wunderbare Versorgung des Werkes während der Zeit des Ersten Weltkrieges schreibt er:

»Wie freuten wir uns über so manche unserer Brüder, die uns berichten durften von gesegneten Versammlungen im engeren und im weiteren Kreise, von öffentlichen Gottesdiensten, welche abzuhalten sie gebeten wurden, von stillen Gebetstündlein, von Zwiegesprächen unter vier Augen; und auch an dem notwendigen und segenspendenden Spott und kleinen Hänseleien fehlte es da und dort nicht. Das machte es ihnen um so leichter, ihre Verdienstmedaillen und Eisernen Kreuze dem Herrn wieder zu Füßen zu legen. Daß der Herr unsere übrigen verwundeten Brüder wieder gnädig hergestellt und ihnen in gewaltigen Strapazen geholfen hat, war uns ein besonderer Gegenstand der Freude und des Dankes. — Wie wunderbar sorgt der Herr für alle Bedürfnisse der Mission! Obgleich manches Bächlein versiegte, die Aufmerksamkeit von den Befürfnissen des Reiches Gottes abgelenkt wurde durch andere Anforderungen und manche dachten, die Missionsarbeit müsse während der Kriegszeit einmal ruhen, obgleich manches Freundesauge sich für immer schloß, so schloß sich doch für uns nicht das Auge unseres himmlischen Freundes: Er wachte, er sah unsere Bedürfnisse, und wie wir ihn seit Jahren erprobt hatten, so fanden wir ihn auch in dieser Zeit treu, ganz treu, nicht ohne daß wir ihn ernstlich anflehen mußten; aber er erhörte unser Flehen und reichte uns in vielen rührenden kleinen und großen Gaben alles dar, was not war zur Versorgung des Werkes in der Heimat und auf den Missionsgebieten. Mancher liebe junge ausziehende Christ, dem nicht nur ein Heimkehren, sondern auch ein

Sterben durch den Sinn gegangen war, hatte, bevor er auszog, einen Teil seines Ersparten für das Werk des Herrn bestimmt, und nicht wenige dachten auch im Schützengraben daran, Gottes Reich bauen zu helfen. Andere, nicht kriegsdienstfähige Brüder von da und dort erklärten sich bereit, in die entstandenen Lücken unter unseren Brüdern einzutreten. Wieder andere erklärten sich bereit, falls der Herr ihr Leben schützen würde, sich ganz in den Dienst des Herrn zu stellen. Das sind liebliche und ermutigende Erfahrungen dessen, der sich nicht unbezeugt gelassen hat.«

Sechs Brüder des Missionshauses starben in ihren Kriegseinsätzen.

Erbauung der Pilgerruhe

Inspektor Heinsen erzählt: »Nach dem Weltkrieg war das Verlangen nach Gottes Wort so groß, daß man die lieben Leute bei den Bibelkursen in Bad Liebenzell nicht unterbringen konnte. 1923 wurde aus der Verlegenheit eine richtige Not. Da erhielt Pfarrer Coerper in einer Nacht den Auftrag zum Bau. Auch der Plan lag in diesen Stunden klar vor ihm. Es sollte eine ›Pilgerruhe‹ werden. Da ja gerade Inflation war und das Geld ohne Wert, sagte er dem Herrn, er wolle seinen Willen darin prüfen, daß er ihm andern Tags einen Baumeister zusende. Wie gewöhnlich ging er dann zur Vormittagsversammlung. Der erste, der ihm begegnete, war ein Baumeister. Voller Gewißheit, daß der Herr ihm den Auftrag gegeben, ging er nun in den großen Saal und sagte den Anwesenden, er habe ›gut geschlafen und auch gut gewacht‹. Und dann erzählte er, wie der Herr mit ihm geredet und ihm den Auftrag gegeben habe. Mit keinem Wort blieb er bei den Schwierigkeiten stehen. War denn nicht Inflation? Jawohl! Der Stundenlohn betrug gerade 1500 Mark, ja später ging er in die Milliarden und sogar Billionen. Pfarrer Coerper hatte den Auftrag seines Herrn und war demselben nun auch gehorsam. Viele Missionsfreunde wurden mit ihm einig und bereit, den Auftrag Gottes im Glauben auszuführen. Schon am ersten Tage wurden allerlei Bausteine zusammengetragen. Zuallererst schenkte jemand Öfen. Ein Sägewerksbesitzer gelobte dem Herrn, auch etwas zu tun. Als er jedoch nach Hause kam, fand er so viel Arbeit vor, daß er sein Versprechen vergaß. Nach einiger Zeit aber wurde sein Pferd so krank, daß es dem Verenden nahe war. Auf dem Motorrad wollte der Eigentümer zum Tierarzt fahren, verunglückte aber und wurde unter großen Schmerzen nach Hause gebracht. Daheim war das Pferd bereits tot. Auf dem Schmerzenslager fing der Herr nun mit dem frommen

Mann zu reden an und erinnerte ihn an sein Versprechen, an die ›Pilgerruhe‹ mit Hand anlegen zu wollen. Er schrieb alsbald, wenn noch etwas zu helfen wäre, wolle er gern bereit sein, Holz zu liefern. Dieser Brief kam gerade zur rechten Stunde. Man hatte in den letzten Wochen für alles eingegangene Baugeld Material gekauft und sich mit Backsteinen, Ziegeln, Zement usw. eingedeckt. Selbst die Schwestern standen in der Reihe und setzten Backsteine. Nun sollte das Holz beschafft werden. Als man die Angebote eingeholt hatte, gab es keinen geringen Schrecken. Auf 30 Millionen war das Holz kalkuliert. Pfarrer Coerper sagte darauf nur: ›Der Herr weiß es‹, legte dem Herrn den ›Holzberg‹ hin und wartete glaubensvoll auf seine Hilfe. Wie groß war nun die Freude, als der erwähnte Brief einlief! Der liebe Missionsfreund war bereit, alles nötige Holz zu einem niedrigen Preis zu liefern. Da sang man mit Recht:

Die Berge müssen fliehn,
Wenn Gotteskinder ziehn
Vorwärts im Glauben mit dem Heiland!

Das wurde über die Bauzeit sozusagen das tägliche Lied. Und auch weiterhin ist ein ›Berg‹ nach dem andern verschwunden. Als man im Herbst 1923 mit Billionen rechnete und als unmittelbar die feste Währung einsetzte und mit ihr zugleich die große Geldknappheit, da war die ›Pilgerruhe‹ bereits zur Hauptsache fertig, und zwar ohne Schulden.«

Pfarrer Coerper hat über den Bau der Pilgerruhe an eine Schwester geschrieben:

»Mich hat man manchmal gefragt, wie es möglich sei, daß wir jetzt die Pilgerruhe bauen könnten, woher wir die Mittel bekämen. Ich sagte dann ganz ruhig: ›Von oben!‹ Darauf sagte man wieder, ob wir denn nicht Verbindungen hätten, auf die wir uns stützen könnten, worauf ich antwortete: ›Die Verbindung mit dort oben!‹ Auf eine dritte Frage, es sei natürlich, daß man alles durchs Gebet bekommen müsse, aber wir hätten doch auch gewiß manche Leute, auf die wir uns stützen könnten, sagte ich wieder zum drittenmal: ›Ja, dort oben!‹ Liebe Schwester, genügt das nicht? Menschliche Verbindungen können sich lösen, Freunde können sterben; aber wir können nichts Besseres tun, als unserm himmlischen Freund in jedem Augenblick und rückhaltlos vertrauen. Er wird uns ganz gewiß nicht zuschanden werden lassen. Ich habe es erprobt und Sie selbst ja auch. Lassen wir uns vom Feind nicht sagen, daß die Hilfsmittel unseres himmlischen Freundes erschöpft seien! Je schwieriger die Zeit, desto herrlicher kann er seine Hilfe erweisen. Wenn Sie Segen die Fülle haben wollen, so ist der Weg dazu Maleachi 3,10 so deutlich gezeigt für denjenigen, der in Wahrheit Gott und seinem Wort vertraut.«

Ein anderes Erlebnis in der Inflationszeit:
Pfarrer Coerper fuhr mit der Bundesbahn. Im Abteil jammerten und klagten die Leute laut, daß sie nun alles verloren hätten. Da antwortete Pfarrer Coerper ruhig: »ich habe nichts verloren. Nun redeten sie alle auf ihn ein: »Da haben Sie Ihr Geld in der Schweiz angelegt.« »Nein«, antwortete Pfarrer Coerper. Da wurden sie noch neugieriger. »Ja, wo denn?« riefen sie alle. Wieder antwortete Pfr. Coerper ruhig: »Ich habe alles droben auf die Himmels-Bank gebracht.« Verblüfftes Schweigen!

Seelsorge am einzelnen Menschen

Ein ganz besonderes wichtiges Stück seiner Arbeit tat Pfarrer Coerper in der persönlichen Seelsorge an den einzelnen. Die »Pilgerruhe« führte ja viele Gäste herzu, Mühselige und Beladene, Fragende und Suchende, Schwermütige und Verdunkelte. Denen hat Pfarrer Coerper in der persönlichen Seelsorge einen großen Dienst tun dürfen. Zu diesem Dienst befähigte ihn einmal seine reiche Seelenkenntnis, aber zum andern auch die besondere Liebe zu den Seelen, die aus seinen Augen und auch aus seinem ganzen Wesen sprach. Die Ewigkeit wird es aufdecken, wie vielen er Wegweiserdienste zum Frieden hat tun dürfen. Seine Studierstube wurde im Sommer besonders viel aufgesucht von Menschen, die seinen Rat und sein Gebet suchten. Ein paar Beispiele:

Eine Frau kam in sein Studierzimmer. Sie hatte ihr Herz so voll und sagte zu ihm: »Ich muß mein Herz bei Ihnen ausschütten; ich habe so viel auf dem Herzen.« Er freute sich immer darüber; denn es war sein Anliegen, all den Seelen zu helfen. Er sagte: »Wir wollen aber zuerst beten.« Nachdem er so herzlich gebetet hatte für diese Person und für andere Personen und für die vielen Anliegen, sagte er: »So, nehmen Sie Platz und erzählen Sie mir alles, was Sie auf dem Herzen haben!« Da sagte diese Person: »Herr Pfarrer, ich weiß jetzt nichts mehr.« So war ihr Herz erleichtert worden. Das war die Liebe Christi, die in seinem Herzen brannte, und wer mit ihm zusammenkam, der wurde auch von diesem Feuer der Liebe Christi angesteckt.

Ein Bruder aus der Hahn'schen Gemeinschaft hat bei der Gedächtnisfeier am 5. September 1936 folgendes Zeugnis abgelegt:

»Ich bin kein Redner; aber ich habe hier ein Erlebnis gehabt, das ich nicht verschweigen möchte. Es heißt doch in dem bekannten Liede: ›Das rühm' ich, wenn ein

Mensch mich fragt.‹ Es mögen 18 Jahre her sein, als meine Frau bei Bekannten hier einen Besuch machte und erkrankte. Da kam Herr Pfarrer Coerper und betete mit ihr. Kurz darauf kam ich selbst nach Liebenzell, um ihm zu danken. Dann fragte er mich ganz unvermittelt: ›Nun, wie steht es bei Ihnen? Haben Sie Heilsgewißheit?‹ Er traf dabei meinen wundesten Punkt. Denn seit Jahren bewegte mich die Frage: Gehörst du auch zu den Auserwählten? Ich gab zur Antwort: ›Ich hoffe ... ich glaube.‹ — ›Das müssen Sie gewiß wissen.‹ Er gab sich dann die größte Mühe, mir diese wichtigste Frage zu erklären. Solange aber Gott nicht zu dem Menschen spricht, kann er es nicht fassen. Ich ging wieder in meine Stube und flehte zu Gott: ›Erbarme dich meiner und zeige dich mir, daß du bist!‹ Da hörte ich in meinem rechten Ohr eine Stimme: ›Er hat sich erbarmt!‹ Ich bin nicht schwärmerisch, im Gegenteil, — ich bin so nüchtern, wie ein Hahnischer überhaupt sein kann. Ich durfte aber etwas davon erfahren, was Prälat Oetinger von solchen Einwirkungen schreibt, daß sie so stark sein können, daß der Mensch beinahe das Gleichgewicht verliert. Das wurde bald wieder anders. Aber ich wurde ein anderer Mensch. Wo es vorher dunkel war, ist es hell geworden. Es hatte Gott gefallen, mir seinen Sohn zu offenbaren. Die Einwirkung war göttlich. Aber ich bin überzeugt, daß Herr Pfarrer Coerper für mich eintrat. Ich ging dann gleich zu ihm und sagte ihm: ›Jetzt weiß ich, Herr Pfarrer, was Sie mir sagen wollten.‹ Da zog er die Tür zu und sagte nichts, nur daß er ein unbeschreiblich liebes und freundliches Gesicht mir zeigte. Von da an betrachte ich ihn als meinen geistlichen Vater und werde es tun, solange ich lebe.«

Auch durchs geschriebene Wort hat er manchen ins ewige Leben geholfen. Aus Elberfeld schreibt im Jahre 1908 eine Schwester: ›Es ist mir ein Bedürfnis, Ihnen einige Worte des Dankes zu senden für die Übersendung der Nr. 2 von ›Chinas Millionen‹. Den ersten Aufsatz ›Wie ist's mit dem Dränger so gar aus, und der Zins hat ein Ende‹ nahm ich für mich. Wort für Wort der ganzen

Betrachtung war aus meinem Herzen und aus meiner Erfahrung geschrieben; denn am 1. Februar dieses Jahres abends wurde ich durch Gottes Gnade frei von dem Dränger, der mich im Selbstleben lange Jahre in harter Gefangenschaft hielt. Wie oft habe ich mich aufgemacht, ihm zu entfliehen, und wurde immer zurückgeschlagen; ich kam stets nur bis zu einem gewissen Grad der Übergabe, drang aber nie zu einer völligen Erlösung, zum Sterben des eigenen Ichs hindurch. Doch der Herr gab mir nun einen starken Anstoß und nötigte mich zur Entscheidung. Es gab einen schweren Kampf; Satan hatte mich mit feiner List, mit so fromm gewobenen Seilen gebunden; ich hatte mich in ein Verstandessystem hineingearbeitet, nach welchem der Herr mit mir verfahren sollte. ›Ich meinte‹ wie Naeman und sah nicht, daß dies alles nur wieder ein Umgehen des Todesweges war, wohin mich der Herr haben wollte. Aber Jesus blieb Sieger; er trat auf meine Seite, er half mir, mich fallen zu lassen, loszuwerden von mir selbst; ich fiel — in Jesu Arme! Ich war frei, wie ein Vogel dem Strick des Voglers entronnen. Nun schien es mir beim Lesen Ihres Blattes, als wäre das nur für mich geschrieben und als hätte der Schreiber dieselbe Erfahrung auch gemacht, und deshalb schrieb ich zur Ehre meines Erretters und aus Dankbarkeit diese Zeilen.«

Eine Schwermütige hat er mit den Worten auf den Heiland gerichtet: »Die Schwermutsgedanken kommen meistens daher, daß man entweder die Versündigungen, die man sich hat zuschulden kommen lassen, nicht gründlich ans Licht gebracht hat und gewisse Dinge, über welche man sich schämt, zurückhält, oder daß man sich dem Willen Gottes nicht unterstellt und ihm in irgendeinem Punkte ungehorsam ist und eigene Wege geht. Dabei blickt man meistens auf sich selbst und hat mit sich selbst zu tun, anstatt voll und ganz anzuerkennen, daß wir doch auf Golgatha völlig gerichtet sind und daß wir nichts können, daß Gott aber auch gar nichts von uns verlangt als völliges Vertrauen unserm Herrn und Heiland gegenüber. Er persönlich und er allein ist die volle Garantie unserer Seligkeit. Gottes Wort versichert Sie aufs bestimmteste, daß Gott Sie liebhat. Das sollen Sie einfach kindlich glauben und nicht etwa an Ihre Friedensgefühle glauben wollen; denn so glaubt man in letzter Linie an sich selbst anstatt an den liebenden Gott und sein Wort. Es bleibt da immer stehen:

Wenn ich mich selbst betrachte,
So wird mir angst und weh.
Aber: Wenn ich auf Jesum achte,
Dann steig' ich in die Höh!
Dann freut sich mein befreiter Geist,
Der durch das Blut des Lammes
Gerecht und heilig heißt.

Sie können noch viele Jahre mit sich selbst herummachen und werden nicht von sich selbst loskommen und können den Frieden Gottes nicht erlangen. Die Worte Römer 5,1 bedeuten: Wenn wir uns durch den Heiland wirklich gerecht machen lassen, so haben wir eine Friedensstellung Gott gegenüber, d.h. wir haben die Kampfesstellung ihm gegenüber aufgegeben. Diese Kampfesstellung ist aber der Unglaube, daß man nicht traut auf sein Wort. Dieses Mißtrauen ist eine schwere Sünde, und es gilt, dieselbe gründlich dranzugeben. — Möge der Herr Ihnen obige Worte bestätigen und Ihnen viel Gnade schenken aus seinem Heiligtum! Wenn etwas gewiß ist und fester steht als die Berge auf Erden, so ist es die Tatsache, daß Gott Sie liebhat. Wer daran zweifelt, muß sich schämen.«

Einer aus der Schule Gelaufenen ruft er die Worte zu: »Ihre Frage, ob Gott auch den annimmt, der ihm so wie Sie aus der Schule gelaufen ist, darf ich mit aller Bestimmtheit mit Ja beantworten. Die Schrift sagt: Wer zu mir kommt, den werde ich nicht hinausstoßen! Und nicht nur nimmt der Herr den wiederkehrenden, verlorenen Sohn an, sondern er hat sich selbst aufgemacht, um das wieder zu suchen und zu finden, was sich verloren hat. Wir dürfen solche Fragen nicht als Lehrsätze behandeln, nicht als Kopfsache, sondern wir müssen mit dieser Frage direkt zum Heiland hintreten. Ich denke, dann erstirbt uns bereits diese Frage auf den Lippen, wenn der Heiland uns ansieht und fragt: Kannst du zweifeln? Habe ich in meinem Wort nicht ausdrücklich gesagt, daß ich dich nicht hinausstoßen werde? Verschließen Sie allen Zweifeln Ihr Ohr und öffnen Sie Ihr Herz dem heiligen Liebesstrom aus Jesu Herzen! Üben Sie sich darin so lange, bis aller Zweifelsgeist untergegangen ist, und glauben Sie dem Heiland bestimmt, daß er wieder die alte Verbindung mit ihm herstellen wird!«

Besonders hat er die Seelen immer wieder ermahnt, von sich selbst wegzublicken und allein auf den großen Heiland zu sehen:

»Sie sagen, der Teufel will mich gern von hier forttreiben; er hat schon alles mögliche versucht, und jetzt ist er mit der letzten List und Macht gekommen. — Ich möchte Ihnen nur sagen, daß Sie unbedingt von sich selbst wegblicken müssen. Das Beste, was Sie tun können, ist doch dies, daß Sie den Blick von der Sünde ganz abwenden und ihn auf den großen Heiland richten. Wir können uns den Heiland nie groß genug vorstellen. Er ist immer herrlicher, als wir denken. Aber es gilt nicht, seine Kräfte und Gaben haben zu wollen, sondern ihn selbst. Je mehr wir mit Jesus selbst rechnen, je einfältiger wir uns ihm hingeben, desto mehr kann er selbst seine heilende und bewahrende Kraft in unsern Herzen offenbar machen. Glauben Sie doch ja nicht dem Teufel, der Sie mutlos machen möchte! Der Herr denkt an Sie. Blikken Sie ihn an und danken Sie ihm für seine Liebe. ›Wer gewaschen ist, bedarf nichts, denn die Füße waschen, sondern er ist ganz rein.‹ Wenn der Heiland Ihre Füße gewaschen hat — und er tut es ganz gewiß — so dürfen Sie eine so vollkommene Vergebung haben und sich so vollkommen rein wissen, daß Sie sich vom Feinde nichts mehr sagen lassen müssen. Jesus ist Sieger!«

Ein zufassender Menschenfischer

Pfarrer Coerper übte aggressive Seelsorge, d.h. er ging in der Seelsorge zum Angriff über, um die Seelen vom Verderben zu retten und ihre Füße auf den Weg des Friedens zu stellen. Auch die apostolische Zeit hat solche zufassende Seelsorge gekannt. Der Evangelist Philippus sprang auf den Kämmerer zu mit den Worten: »Verstehst du auch, was du liesest?« (vgl. auch Apg 26,17-19!) Er scheute sich auch nicht, mit Juden ein religiöses Gespräch zeugnishaft zu führen. Der Schreiber dieser Zeilen fuhr eines Tages mit ihm in einem Zug zu einem Missionsfest und so kam es, daß wir unseren Sitzplatz gegenüber einem jungen Mann einnahmen. Pfarrer Coerper erkannte bald die Situation, daß er es mit einem Juden zu tun hatte, und kam, ohne aufdringlich zu sein, mit ihm ins Gespräch. Er bekannte ihm gegenüber ganz klar, daß der Schöpfergott, der hier genannt wird, der Messias sei, von dem im Neuen Testament bezeugt wird, daß in ihm alles geschaffen sei, was im Himmel und auf Erden ist. Und er ist der verheißene Messias, nämlich Jesus Christus. So bekannte er Jesus als den Messias, den Schöpfer des Alls. — Die Wege trennten uns dann; aber das Bekenntnis zu Jesus blieb!

Man hat die zufassende Seelsorge angefochten und sie Methodismus genannt. Aber Methodismus wird sie nur dann, wenn man mit derselben Methode auf jeden Menschen losgeht und ihm dieselbe Frage vorlegt: »Bist du bekehrt?« Das hat Pfarrer Coerper nicht getan. Er hat in der Seelsorge den besonderen Schlüssel gebraucht, von dem er glaubte, daß er gerade für dies verschlossene Herz zum Aufschließen helfen könnte. Um zufassende Seelsorge zu üben, dazu gehört zunächst ein unerschrokkener Zeugenmut, der die Menschen nicht fürchtet und sich nicht schämt, seinen Heiland zu bekennen. Ein Freund erzählte bei der Gedächtnisfeier:

»Missionar K. lag in B. im Krankenhaus; ich weiß nicht, waren 20 oder 30 Männer im Saal. Pfarrer Coerper besuchte ihn. Am Schluß kniete er in diesem Saal einfach nieder und betete kindlich und gläubig für den erkrankten Bruder. Nachher sagten einige Männer: ›Das laß ich mir gefallen, das ist noch ein Pastor.‹«

Die Fahrten in der Eisenbahn benutzte er gern, um mit den gegenübersitzenden Menschen ein seelsorgerliches Gespräch anzuknüpfen.

»Auf einer Reise«, erzählt Inspektor H., »saß ihm in der Eisenbahn ein alter, ehrwürdiger Herr gegenüber. Pfarrer Coerper knüpfte ein Gespräch mit ihm an und fragte dann unvermittelt: ›Wie geht es Ihrer Seele?‹ Der Kaufmann war so überrascht, daß er in Tränen ausbrach und sagte: ›Siebzig Jahre bin ich alt geworden, habe mit so vielen Menschen verkehrt, und bisher hat noch niemand mich nach dem Ergehen meiner Seele gefragt.‹ Pfarrer Coerper zeigte ihm dann den Weg des Lebens, ohne ihm noch einmal im Leben wieder zu begegnen.«

An seinem Grabe sagte ein Möttlinger Bruder: »Vor zwei Jahren fuhr der Heimgegangene einmal von Pforzheim nach Liebenzell. Uns gegenüber saß ein Herrenbauer, wenn ich so sagen darf. Auf einmal sagte Pfarrer Coerper: ›Ich weiß etwas ganz Bestimmtes von Ihnen‹, und so bestimmt hat er es ihm gesagt, daß der gute Mann ganz rot wurde. ›Was wissen Sie von mir?‹ Da wurde ihm gesagt: ›Ich weiß, daß der Heiland Sie lieb hat.‹ Da sagte der Mann: ›Wenn das wahr ist, dann muß ich mein Leben ändern.‹ Das hat der Mann mit Bestimmtheit gesagt, und es war mir und diesem Mann eine Lektion.«

Bezeichnend ist auch folgende Geschichte:

»Auf einer seiner Reisen, die ihn über Fulda führte, kam er dort zu einer kleinen Kirche aus dem 8. Jahrhundert, ganz in byzantinischem Baustil gehalten. Er tritt ein. Acht Säulen — sie sollen nach der Erklärung des Küsters die acht christlichen Tugenden darstellen — tragen eine Kuppel, unter welcher der Hochaltar steht. Von da aus wurde der Besucher in die Krypta, die unterirdische Kapelle, geführt. Ihr Gewölbe wird von einer einzigen Säule gestützt, die Christus versinnbildlichen soll, aus dem die Tugenden hervorwachsen. Ein sehr schönes Gleichnis. Doch nun nahm Pfarrer Coerper dem Führer das Wort ab und bezeugte, daß er den Felsen Christus auch kenne und auf ihn gegründet sei, und erklärte weiter, daß er in Jesus Vergebung der Sünden gefunden habe, selige Heilsgewißheit, Frieden mit Gott, lebendige Hoffnung und ein ewiges Erbe. Da sah der Küster den Sprecher ganz starr an, bis er antwortete: ›Da haben Sie aber Glück gehabt!‹ ›Ja, lieber Herr‹, fügte Pfarrer Coerper hinzu, ›das Glück können Sie auch haben.«

Bruder S. erzählt: »Ich fuhr mit ihm von E. her. Das Abteil war gut besetzt. Da hörte er, wie jemand sagte: ›Gott sei Dank!‹ Sofort rief er: ›Sie sagen: Gott sei Dank! Haben Sie Gott schon gedankt?‹ — ›Freilich!‹ — ›Haben Sie wirklich Gott schon gedankt?‹ Der Mann kam in Verlegenheit. Aber Herr Pfarrer Coerper ließ ihn nicht los, bis er sein Zeugnis dem Mann gesagt hatte. Und die andern haben es mit angehört.« Bruder S. fügte hinzu: »Er war ein Mann, der die Gelegenheiten ausnützte für den Heiland, wo er nur die Möglichkeit hatte.«

Herr B. aus G. erzählt: »Zwei Reiseerlebnisse möchte ich kurz mitteilen. Ich fuhr mit Pastor Coerper von Essen nach G. In K. stieg ein mir bekannter, angesehener Kaufmann ins Abteil. Er kam wohl gerade von einer Offiziersübung zurück und erzählte begeistert von seinen Erlebnissen. Ich hatte die beiden Herren einander vorgestellt, und Pastor Coerper saß neben mir schweigend in der Ecke des Abteils. Als mein Bekannter, ein katholischer Großkaufmann, erzählte, daß er sich dann und wann habe stellen müssen, richtete sich Pastor Coerper auf, legte seine Hände auf die Knie seines Gegenübers und fragte ihn: ›Haben Sie sich auch schon einmal dem Herrn Jesus gestellt?‹ — Ein beklommenes Schweigen, peinliche Situation, nicht für jeden zum Nachmachen, aber — der Kaufmann hatte den Stachel im Gewissen.

Ein anderes Mal fuhr ich mit ihm von Liebenzell nach

Calw. Es stieg ein Landwirt mit einem schweren Rucksack zu uns ins Abteil. Merkwürdigerweise behielt der Bauer den Rucksack auf der Schulter, auch während der Zug dahinrollte.

Da stand Pastor Coerper auf, nahm ihm den Rucksack ab und legte ihn oben auf das Gepäckbrett, ihm sagend: ›Die Eisenbahn trägt Sie und Ihre Last, Sie brauchen dieselbe nicht mehr selbst zu tragen; ebenso wie der Herr Jesus auch Ihre Sünde von Ihnen genommen und sie ans Kreuz getragen hat, so daß Sie diese Sünde nicht mehr selbst zu tragen brauchen.‹ Ich hoffe, der Bauer hat ihn verstanden und ist seine Straße fröhlich gezogen wegen der Erleichterung von seiner Sündenschuld.«

Auch in der öffentlichen Verkündigung des Wortes Gottes war er zufassender Menschenfischer. Eine Diakonisse erzählt von ihrem eigenen Erleben:

»Als junge Diakonisse besuchte ich in Dinglingen einmal die Gebetsstunde, die Herr Pfarrer Coerper leitete. Ich diente dem Heiland schon etliche Jahre, ohne sein Eigentum zu sein und ohne zu wissen, was mir fehlte. Da führte Herr Pfarrer Coerper in seiner so verständlichen Wortbetrachtung an, wie man doch ohne Hausschlüssel nicht in das Haus und ohne Schlüssel nicht in den Himmel kommen könne. Der Schlüssel sei die Vergebung der Sünden in Jesu Namen. Wiederholt rief er: ›Bist du der Vergebung deiner Sünden gewiß?‹ und erklärte, daß es kein ›ich glaube‹, ›ich hoffe‹, ›ich denke‹ gebe, sondern: ›So wahr Gottes Sonne am Himmel pranget, so wahr hab' ich Sünder Vergebung erlanget‹ heißen müsse bei einer jeden Seele.

Dieses Wort drang wie ein Pfeil in mein Herz und ließ mich nicht mehr los, so daß ich Tag und Nacht daran denken mußte. Der Geist Gottes deckte in meinem vergangenen Leben so viele Sünden und Vergehungen auf, daß ich eine Nacht durchbetete und um Gnade schrie.

Da gebrauchte der Herr das ›Mütterlein‹ in Dinglingen, um mir das vollbrachte Erlösungswerk zu zeigen, und langsam konnte ich es fassen, daß auch ich aus Gnaden selig werde.« Als fröhliches Gotteskind durfte diese Diakonisse dem Heiland Jahrzehnte dienen und freut sich jetzt am Feierabend ihres Lebens der Segnungen, die der Herr ihr durch seinen Knecht geschenkt hat.

Wie soll der rechte Seelengewinner sein?

Als einmal Brüder, die ins Missionshaus eingetreten waren, sich Pfarrer Coerper vorstellten, da fragte er sie: »Was wollt ihr hier werden? Gelehrte? Ich meine mit zwei e: Geleerte?« Damit wollte er von vornherein den Brüdern sagen: Das bloße Wissen bläht auf. Die Ausrüstung kann nie bloß eine Mehrung des Wissens sein, sondern muß eine Bildung des christlichen Charakters werden.

Er erzog die Brüder zunächst zur Ordnung. Ein Missionar erzählt: »Ich war kaum auf dem Missionsberg angekommen, da sagte Pfarrer Coerper zu mir: ›Wir haben hier im Missionshaus für jeden Gegenstand nur einen Platz; meinen Sie, daß das genug wäre?‹ Ich kam gerade aus der Kaserne, da hatte man gelernt, daß man für jeden Gegenstand nur einen Platz haben müsse. Diese Frage charakterisierte ihn sehr nach einer gewissen Seite hin. Er war ein Mann der Ordnung. Sie kam uns manchmal zu peinlich vor, und ich wünsche oft, daß wir in diesem Stück noch von ihm lernen. Denn unser Gott ist ein Gott der Ordnung.« In seinem eigenen Studierzimmer bückte er sich, wenn er nur ein Krümchen auf der Erde liegen sah.

Ein anderer Bruder erzählt: »Vor der Morgenandacht begann im Missionshaus die Hausarbeit. Peinlichst wurde alles gestaubt, lieber drei- bis viermal über den Gegenstand gewischt, damit nur kein Stäubchen zu sehen war. Ohne Lärm und Gepolter wurden die Wassereimer und Aufnehmer geholt. Schweigsam und still begann der Aufputz der Fußböden und des Treppenhauses. Das Verstellen des Eimers ging lautlos vor sich, nicht einmal der Henkel durfte auf den Eimer fallen. Flink mußte es auch gehen. Wer uns von weitem zusah, mußte uns als wackere Heinzelmännchen betrachten. Wehe, wenn etwas nicht akkurat oder gar verkehrt ausgeführt war! Gleich flüsterte man sich zu: ›Bruder N., abgebrannte Streichhölzer dürfen nicht zum Fenster hinausgeworfen werden!‹ — ›Der dritte Stuhl in der Brüderreihe im Lehrsaal steht nicht gerade in der Richtung!‹ — ›Der Staublappen von Bruder K. ist nicht geordnet zusammengelegt worden!‹ — ›Der Teppich von Bruder S. liegt nicht in der Mitte vor dem Bett!‹ — ›Die Schuhe von Herrn Pastor Coerper hätten besser geputzt werden können!‹ — ›Die Fußmatten sind verwechselt worden!‹ — ›Der Wasserhahn im Badezimmer tropft noch!‹ — ›Bruder M., der Vorflur ist nicht ganz rein aufgewischt worden; der Aufnehmer hat schmutzige Spuren hinterlassen. Man muß das Wasser im Eimer öfters wechseln‹ usw. Kaum erklangen diese Töne durch die Räume, und schon stoben die Brüder auseinander, und jeder Getroffene waltete seines Amtes. Die hinausgeworfenen, abgebrannten Streichhölzer wurden schnell aufgelesen, der Staublappen gefaltet und geordnet an seinen Platz gelegt. In der Eile treppauf, treppab rannte man sich bei der Enge des Raumes auch noch obendrein um, und ohne sich gegenseitig Schuld vorzuwerfen, eilte man schnell wieder zu den Brüdern zurück; denn 7.15 Uhr ist Morgenandacht mit anschließendem Frühstück.«

Ferner erzog er die Brüder zur Bereitschaft für jeden Dienst.

So erzählte ein Bruder: »Herr Pfarrer Coerper erfuhr einmal, daß das Wäschewaschen uns Brüdern etwas zu schaffen machte. Da erschien er plötzlich am Waschtag in aufgeschlagenen Hemdsärmeln mit einer blauen Schürze angetan, suchte sich die schmutzigsten Strümpfe heraus, stellte sich ans Waschfaß und wusch, ohne ein Wort mit uns zu reden, mit solch einem Eifer die schmutzigen Strümpfe, daß ihm der Schweiß warm vom Kopfe tropfte, während es uns selbst kalt überlief. Als ich ihm am Schluß der Wäsche sagte: ›Das dürfen Sie aber nicht wieder tun, das erlauben wir Ihnen nicht‹, da erwiderte er mild und liebreich: ›Ja, ich komme nicht mehr wieder, wenn ihr artig und bereitwillig zu jeder Arbeit seid.‹ Diese heilige Lektion blieb uns unvergeßlich.«

Beim Unterrichten der Brüder war es Pfarrer Coerper ein Anliegen, sie in die Schrift gründlich einzuführen. Davon zeugt die große Reihe von Bänden, in denen seine Ausarbeitungen für das Alte und Neue Testament niedergeschrieben sind. Aber im Mittelpunkt seiner Unterweisung stand die sogenannte »Praktische Stunde«, eine ausführliche Anweisung für Arbeiter im Weinberg des Herrn, Seelen zu gewinnen. Da wurden viele Winke aus seiner eigenen reichen Erfahrung den Brüdern und Schwestern mitgeteilt. Im Vordergrund stand die Person des Seelengewinners selbst. Wir geben einige Sätze wieder, in denen er die Eigenschaften eines rechten Seelengewinners in ein helles Licht hineinstellt.

»Die allererste Voraussetzung für einen, der ein rechter Knecht oder eine rechte Magd des Herrn sein will, ist die, daß sein Leben eine deutliche Predigt sei, eine Bestätigung seiner Worte, ein Zeugnis für seinen Herrn, ein Wohlgeruch Christi. Es darf bei ihm unter keinen Umständen so sein, wie schon Augustin von den Lehrern seiner Zeit klagt: ›Mit ihrer Lehre bauen sie, und mit ihrem Leben reißen sie nieder.‹ Taten reden lauter als Worte, und wenn unsere Taten dem Evangelium nicht entsprechen, wenn wir ein Doppelgesicht haben, eines beim Dienst an andern und ein anderes im eigenen Leben, so traut man uns nicht, und das mit Recht. Wir haben dann kein Anrecht, von Gott zu erwarten, daß er unsere Arbeit segne.« —

»Nur ein demütiges Herz kann wirklich völlig dem Dienste Gottes geweiht sein, nur ein solches kann sich in alle Aufgaben, auch in diejenigen, welche voll Selbstverleugnung sind und bei welchen für Genuß, Bequemlichkeit, Erwerb und Ehre nichts herauskommt, in kindlichem Gehorsam schicken. Ein solcher Mensch wird dann nicht ein unzuverlässiger Bote für den Herrn sein, der gerade dann versagt, wenn er nach Gottes Willen dienen sollte, weil er eben nicht von sich selbst bekehrt ist (Hos 7,16).

Die Demut ist vielmehr für jede Gnade, deren sie sich unwert hält, dankbar und achtet jede Aufgabe, auch die unscheinbarste, groß und übt darin Treue. Einen solchen Menschen kann Gott auch segnen ohne Gefahr, daß ihm der Segen schaden werde.

Wo dagegen diese Tugend fehlt, da gelingt es dem Feind leicht, Erfolge oder den Einfluß, welchen ein Reichsgottesarbeiter zu haben berufen ist, zu benutzen, um denselben hochmütig oder herrschsüchtig zu machen. Man wird ein kleiner König oder Papst, und es schleicht sich ein anspruchsvolles Wesen ein mit seinen Begleiterscheinungen der Unfehlbarkeit und Rechthaberei, der Unzufriedenheit, Empfindlichkeit, der Selbstentschuldigung und Verkleinerung der eigenen Sünden und vielleicht auch Vergrößerung der fremden Sünden. Dazu kommt auch liebloses Richten und Neid andern gegenüber. Da ist dann der Segen Gottes bald unterbunden. Manches Geheimnis der Unfruchtbarkeit in Reichsgottesarbeiten findet in dem Mangel an Demut der Reichsgottesarbeiter seine ausreichende Erklärung.« —

»Die wahre Liebe besitzt einen ›Streitergeist‹, der sich hingibt an die Sache des Herrn und dafür eintritt, koste es, was es wolle. General Booth sagte einmal folgendes: ›Ein Knecht Gottes muß einen Streitergeist haben, d.h. er muß ein solches Herz haben, welches im tiefsten Grunde einem Streiterleben zustimmt, um Seelen zu retten; er wird sich selbst zur Seelenrettung hergeben, er braucht nicht dazu angetrieben zu werden. Er wird vielmehr ein solches Leben jedem andern vorziehen, ja es wird dies seine Freude und sein Ergötzen sein. Er will lieber zum Kampf ausziehen, als bequem zu Hause bleiben; wenn er diesen Streitergeist hat, wird er auch imstande sein, Spott, Selbstverleugnung, Leiden und mancherlei Entbehrungen, welche ein solches Leben erfordert, zu ertragen.« —

»Wenn wir nach dem Geheimnis wirklich gesegneter Arbeiter im Reich Gottes forschen, so werden wir gewiß hineingeführt in die Stille des Gebetskämmerleins.

Besonders ist diese Stille zu üben vor und nach der

Verkündigung des Wortes Gottes, abgesehen von den regelmäßigen, festgesetzten Gebetszeiten und abgesehen von den Gebetszeiten, zu welchen der Geist Gottes besonders mahnt. Je mehr jemand darin Treue übt, desto mehr wird allmählich das ganze Leben zu einem Gebet, d.h. zu einem liebevollen, gebeugten, verständnisvollen Stehenbleiben vor dem Herrn und zu einem Verkehren mit ihm in bezug auf alle Anliegen des Lebens und des Berufs. Der Segen dieses stillen, fortgesetzten Schöpfens wird gewiß offenbar werden in der neuen Kraft, im eigenen Leben und durch tiefere Erkenntnis der Herrlichkeit der Erlösung und der Führungen Gottes.« —

»Je stiller ein Herz ist, je mehr es sich in der Gegenwart Gottes befindet, desto einfacher und leichter wird das Abweisen aller Zerfahrenheit und Zuchtlosigkeit auch in Gedanken sein. Darum ist besonders darauf zu sehen, daß man durch den Heiligen Geist des Fleisches Geschäfte, also auch die zerstreuenden und unnützen Gedanken und verkehrten Phantasien tötet. Es gilt, sich bewahren zu lassen vor einer Art geistiger Landstreicherei. Solches Vagabundieren der Gedanken ist ein Zeichen einer geistigen und geistlichen Zucht- und Ziellosigkeit und ist eine Verarmung, während uns doch der Zugang zu den Schätzen Gottes erschlossen ist und offensteht.« —

»Besonders gilt es für einen Diener und eine Dienerin Gottes, jede Gelegenheit zu benutzen, um sich selbst zu verleugnen. Kann man doch ohne Selbstverleugnung überhaupt gar nicht Jesu Jünger sein. Ein wahrer Jünger des Herrn trachtet nicht danach, immer größere Ansprüche zu machen; vielmehr sucht er seine Ansprüche zu verringern und immer kleiner zu werden. Denn er kann nicht vergessen, daß sein Meister, auf dessen Erscheinung er hofft und wartet, nicht hatte, da er sein Haupt hinlegen sollte; und wenn ihm auch diese oder jene Bequemlichkeit angeboten oder geschenkt werden mag, so wird er gewiß vorsichtig sein mit der Annahme und dem Gebrauch derselben; besonders aber wird er nie sein Herz daranhängen dürfen und wird dadurch, daß er ebenso zufrieden ist, wenn er jene Dinge entbehrt, als wenn er sie hat, beweisen, daß er in der Tat davon los ist und daß solche Dinge nicht sein Gutes oder seine Schätze bilden, sondern daß er in Jesus etwas viel Besseres besitzt.« —

»Ein Diener Gottes soll stets ein ganz bereites Werkzeug seines Meisters sein und ein lebendiges Opfer für ihn, zu allem guten Werk völlig geschickt; er soll alle Gelegenheiten und Augenblicke recht auskaufen. Es soll von ihm für jeden Auftrag vom Herrn und seinem Geist die unwiderstehliche Gewalt der Wahrheit und Liebe gesucht und empfangen werden, wie unser Herr sie besessen hat.« —

»Das Zeugnis sowohl im Wort als auch im Wandel soll stets überzeugend und überführend sein, getragen von dem Bewußtsein des großen Wertes und der Bedeutung des Augenblicks oder des Heute und eingegeben von der Erkenntnis, wie hoch die Seelen von Gott geschätzt sind. Keine Gelegenheit sollte vorbeigelassen werden, um einen Erfolg für die Sache Gottes zu gewinnen, kann man doch nie wissen, wie entscheidend eine Stunde, ein Augenblick, ein Wort, ein Blick, auch eine scheinbar ganz unwichtige Handlung sein kann. Vielleicht kann Gott irgend etwas dergleichen gebrauchen, um Seelen zu retten oder dieselben in eine Bahn zu bringen, auf welcher sie des Herrn auserwählte Gefäße und Rüstzeuge werden können. Versäumte Augenblicke und Gelegenheiten, wo ein Diener Gottes aus Gleichgültigkeit oder Trägheit, aus Lieblosigkeit oder Furchtsamkeit sich gehen läßt, anstatt auf der Hut zu sein und in der Kampfesrüstung zu stehen, können vielleicht nie mehr wiederkehren, und Seelen können infolge solcher Versäumnisse verlorengehen.«

In allen seelsorgerlichen Nöten haben die Brüder sich an Pfarrer Coerper gewandt. Einer von ihnen erzählt:

»In großer innerer Not meinte ich, ich wäre überhaupt noch nicht bekehrt. Es war nach dem Ersten Weltkrieg mit all seinem Erleben. Da gab er mir weisen Rat. Er sagte: ›Früher hatte man zur Beleuchtung nur Kienspäne gebraucht; als aber die Kerzen aufkamen, verdrängten sie die ersteren. Die Öllampe verdrängte die Kerze, die Gaslampe die Öllampe und das elektrische Licht die Gaslampe. War nun der Kienspan kein Licht? War es nicht die Kerze und so fort? Doch; aber das bessere Licht verdrängt das geringere. So ist es auch bei der Bekehrung. Wenn Gott uns mehr Licht schenkt und das vermehrte Licht das geringere aufhebt, so kann man doch nicht sagen, das vorherige sei nichts gewesen. Es war schon eine Bekehrung; aber er schenkt eben immer mehr Licht.‹ Das Bild verstand ich, und er hatte mir aus innerer Not geholfen.«

Der Erzieher und Berater der Schwestern

Gemeinsam mit den Brüdern wurden in Liebenzell Schwestern ausgebildet, und zwar in erster Linie für den Dienst am Wort auf den Missionsfeldern und in der Heimat unter den Frauen und Jugendlichen. Er trat warm dafür ein, daß auch die Schwestern zum Dienst am Wort erzogen würden und daß nicht etwa ihre Gaben unter Berufung auf das Wort der Schrift: »Das Weib schweige in der Gemeinde« gefesselt würden. Er sagt: »Wenn in der Versammlung Männer vorhanden sind, die reden und leiten können, soll die Schwester schweigen; aber die Schrift verbietet gewiß nicht das Zeugnis von Schwestern in solchen Fällen, wo entsprechende Männer nicht vorhanden sind; sonst kommt wohl das Wort zur Geltung: ›Der Buchstabe tötet.‹ Viele Segnungen werden den Menschen vorenthalten, welche durch Schwestern vermittelt werden können aus Mangel an Männern.«

Aus dem lieben Chor der Schwesternerinnerungen, die uns eingesandt wurden, lassen wir einige Stimmen laut werden. Eine Missionsschwester erzählt von ihrer ersten Begegnung mit Pfarrer Coerper:

»Beim Gedenken an meine erste Begegnung in meiner Jugendzeit werde ich immer an das Schriftwort 2. Timotheus 4,2 erinnert. Es sind mehr als vierzig Jahre her, da half ich in der Kleinkinderschule in Freiburg i. Br., wollte auch selbst Kinderschwester werden. Ich kannte den Heiland nicht, meinte aber, dieser Beruf sei der gottwohlgefälligste Dienst. ›Wenn ich ihn nur habe‹, sang ich mit lauter Stimme bei den wenigen Kindern, die nach Schluß der Kinderschule noch nicht abgeholt waren. Da ging die Tür auf, und Herr Pfarrer Coerper mit Fräulein Römmele, eine in Baden weithin gesegnete Zeugin Jesu, trat ein. ›Ach, Sie singen? Haben Sie auch

Jesus lieb? Er liebt Sie. Es sind viele da, die Sie haben wollen; aber Jesus will Sie für sich haben. Es sind viele da, die die Hände nach Ihnen ausstrecken; aber Jesus hat seine Hände für Sie am Kreuze ausgestreckt. Jetzt spielen Sie noch; einem ergeben Sie sich schließlich; wer wird's sein?‹ So sprach Herr Pfarrer Coerper zu mir, dem jungen Mädchen. Ich war ganz verblüfft; so hatte noch niemals jemand zu mir gesprochen. Vergessen konnte ich diese Worte nicht. — Nach einigen Jahren trat ich als Missionsschülerin bei diesem Zeugen Jesu in die Schule ein.«

Eine andere Schwester erzählt: »Eines Tages sagte unser Pfarrer Coerper, er habe etwas sehr Schmerzliches gehört — nämlich, daß Schwestern ihre stille Mittagszeit zum Lernen, Lesen, Schlafen und dergleichen, aber nicht zum Umgang mit dem Herrn benutzten. Daraufhin machte er sich die Mühe und überraschte uns plötzlich in der Freizeit. Pfarrer Coerper suchte mit seinem ganzen Einfluß uns zu Menschen zu erziehen, die sich Zeit nehmen zum Beten.

Wie schaute er doch stets auf die Treue im Kleinen! Eines Tages mußten alle Schwestern vortreten, die Öfen zu richten hatten. Denn bei seinem Rundgang auf dem Gut hatte er gesehen, wie so viele Kohlenreste auf dem Schlackenhaufen lagen und nur angebrannte, aber nicht ausgebrannte Kohlen zwischen den Schlacken sich befanden. Wie ernst und eindringlich ermahnte er uns, mit dem anvertrauten Gut treu und gewissenhaft umzugehen! Heute noch schütte ich keine Asche aus, ohne an dieses Erlebnis zu denken. — Oft konnte uns auch Pfarrer Coerper einschärfen, unsere Arbeit nicht nur zu neun Zehnteln, sondern ganz zu tun. Immer hatte er entweder ein aufmunterndes oder in Liebe zurechtweisendes Wort für uns, wenn er uns bei irgendeiner Arbeit antraf. Er kümmerte sich um alles, was auch getan wurde.

Bei einer Gelegenheit erwähnte Herr Pfarrer, daß zu ihm eine Dame kam, an deren Mantel ein Knopf fehlte. Nach längerer Zeit kam sie wieder, und siehe, der Knopf fehlte noch immer. Da sagte er: ›Man kann nicht immer vom Äußeren auf das Innere Schlüsse ziehen. Aber wer äußerlich Unordnung bei sich duldet, der wird es dann auch bei inneren Dingen dulden.‹ Schon manchmal hat mir jene Äußerung gute Dienste getan in meinem persönlichen Leben.«

Das Zusammenleben der Schwestern machte gelegentlich Schwierigkeiten. Eine Schwester erzählt:

»Auch unter Missionsschülerinnen tat der Feind oft sein Werk. So geschah es einmal, daß, durch äußere Umstände verursacht, der Geist der Unstimmigkeit und Verzagtheit um sich gegriffen hatte. Das zeigte sich, als gerade der Sonntag der Austeilung des heiligen Abendmahles kam. Eine gründliche Prüfung und Reinigung mußte vorangehen. Einzeln hatte jede im Studierzimmer des treuen Seelsorgers zu erscheinen. Der Geist der Beugung und gegenseitiger Fürbitte griff schnell um sich. Eine Schwester verschwand hinter der schwarzen Tür. ›Ist auch kein Schatten zwischen Ihnen und Ihrem Herrn?‹ fragte seine tiefernste Stimme. Traurig, aber fest sah sie ihm in die Augen mit den Worten: ›Ich weiß von keinem.‹ Ein Händedruck, und sie war entlassen. Aber diese Worte haben in ihrem Leben immer wieder nachgewirkt bis heute. Das schlichte Wort ist oft zu einem Gebetsanliegen geworden: ›Herr, laß nie einen Schatten kommen oder bleiben zwischen dir und mir.!‹ «

Wieder eine andere erzählt: »Manches Jahr ist seit meinem Eintritt ins Missionswerk vergangen, aber noch immer klingt jene eindrückliche Mahnung des treuen Pfarrers Coerper in Ohr und Herzen nach, was er uns Neueingetretenen damals nahelegte: ›Ihr seid in ein christliches, frommes Haus eingetreten mit hohen Erwartungen. Ihr werdet aber im Laufe der Zeit manchem Menschlichen begegnen, vielleicht manches sehen, was euren Erwartungen nicht entspricht. Da ist es notwendig und gut, von Anfang an auf den zu blicken, der vollkommen ist. Wenn ihr das tut, werdet ihr nie enttäuscht sein.‹

Als ich einmal durch verschiedene innere und äußere Erfahrungen den Mut verlor, sagte er: ›Was meinen Sie, wird der Arm des Herrn wohl Kraft anziehen?‹ Tiefbewegt und beschämt durch seinen mit Gott rechnenden Glauben verließ ich wieder einmal das Studierzimmer. Ein anderes Mal, als ich in Gefahr stand, zu viel mit meinem geistlichen Ich beschäftigt zu sein, sagte er halb im Ernst, halb im Scherz: ›Nicht immer den geistlichen Puls fühlen; auf den großen Heiland blicken, dann geht's.‹

Eine gesegnete Schwesternfreizeit im Jahre 1918 ist mir unauslöschlich im Gedächtnis geblieben. Ein wenig berauscht und erfüllt von meinen ersten Erfolgen im Probedienst, lauschte ich dem ernsten, eindringlichen Wort unseres lieben Herrn Pfarrers auf Grund von 2. Korinther 5,14: ›Die Liebe Christi dringt uns also‹, das mir auf einmal in einer ganz neuen Beleuchtung erschien, mir die fromme Maske herunterriß und mir allen Dünkel nahm. Ich sah die Wirklichkeit meines Dienstes, der vor den Flammenaugen des Heiligen Geistes nicht taugte. Als eine arm und leer Gewordene, aber auf die göttliche Gnade Vertrauende kehrte ich wieder in meinen Dienst zurück.«

»Als ein treues Mitglied aus unserm Jugendbund fortkam und in die Mission eintrat«, berichtet uns eine Schwester, »da war eine große Lücke entstanden. Bald darauf kam ich ins Missionshaus, etwas zu besorgen. Herr Pfarrer fragte so herzlich wie immer, wie es in der Arbeit gehe. Nun sagte ich von dem Verlust. Darauf er: ›Schwester L., wir arbeiten fürs Hergeben.‹ Von da ab bekam ich einen ganz neuen Blick für den Dienst des Herrn.«

Immer wieder wandten sich die Schwestern in ihren ungelösten Fragen an ihn. Wie treulich und väterlich hat er sie beraten! Das geht aus folgenden Briefauszügen an Schwestern hervor:

»Ich freue mich mit Ihnen, daß es Ihnen heimatlich war, als Sie anfingen, sich der Station zu nähern. Der Heiland wolle Ihnen geben, so in ihm erfunden zu werden allezeit, daß Sie den Himmel mit auf die Station bringen und Ihren Wandel im Himmel führen, wie uns dies ja verheißen ist als Gnadengeschenk unseres erhöhten

Heilandes. Dazu ist es aber notwendig, daß alle unsere Sinne heilige Wächter haben, Augen, Ohren, Mund und alles, damit die Gegenwart des Herrn in seinem Tempel nicht gestört werde und der Himmel nicht verdunkelt oder uns gar entrissen werde. Ihre Aufgabe ist groß und schön. Aber die Gnade zur vollkommenen Erfüllung ist ebenfalls groß und reichlich vorhanden. Möge es Ihnen geschenkt sein, dieselbe jeden Augenblick so in Anspruch zu nehmen, daß Ihr himmlischer Vater und Heiland sich darüber freuen kann und daß das Werk des Herrn dadurch gefördert werde.«

»Es ist so wichtig, daß wir, wenn wir auch äußerliche Arbeiten zu tun haben, uns nicht von der Arbeit, sondern vielmehr von dem Geist des Herrn treiben lassen. Dies ist allein eines Kindes Gottes würdig und hilft uns auch mehr als irgend etwas, bewahrt zu werden vor Druck, Überarbeitung und Zusammenbruch.

Es ist gut, daß wir alle Anliegen, die uns bewegen, dem Heiland fest in die Hand drücken und ihm sagen, daß nicht wir handeln und wirken wollen, sondern daß dies seine Sache ist und daß wir selbst ihm in aller Einfalt und Wahrheit treu zur Verfügung stehen wollen.

Dann wird der Heiland gewiß auch die Sache ganz in seine Hand nehmen, wir sind frei und können still sein. Wir dürfen dem Heiland weiter vertrauen und werden gewiß seine Herrlichkeit schauen.«

»Die praktische Begabung muß sich ausweisen im willigen Anfassen jeder Arbeit, welche einem aufgetragen wird, und in herzlicher Bereitwilligkeit dazu, d.h. man muß bereit sein, auch etwaige Proteste des Herzens durch den Geist Gottes zu überwinden und alles tun und sich für alles ein Herz schenken lassen, was einem aufgetragen wird.«

»Wenn wir dem Herrn unsere Wege befehlen, so wird er handeln. Das hat er uns verheißen, und wir dürfen dabeistehen und uns wundern über seine Weisheit und über seine Macht zu helfen.

Zu diesem Handeln gehört auch, daß er die Herzen der Menschen lenkt wie Wasserbäche, wenn wir selbst erst unsere Lektion gelernt haben und wenn wir selbst still genug geworden sind, um ihm freie Hand lassen zu können und nichts selber tun wollen, was wir doch nicht tun können. Wir haben so oft immer noch viel zu kleine Begriffe von der Kostbarkeit und Wichtigkeit der heiligen Schule unseres Heilandes. Man denkt so schnell, man habe sie ausgelernt oder sie passe nicht mehr für einen.

Aber so wenig ein irdischer Lehrer seine Schüler in unnötiger Weise in einer Klasse festhält, wenn sie das Pensum der Klasse wirklich gelernt haben, so wenig tut es unser himmlischer Lehrer mit uns. Wir sollten ihm darin ganz vertrauen.«

»Wir haben eine Freundin unseres Werkes, welche uns von Zeit zu Zeit immer wieder mit Telegrammen bestürmt; aber gerade ihr gegenüber überlege ich ganz still, ja gemütlich vor dem Herrn, weil ich stets empfinde, sie möchte uns drängen. Und von Menschen gedrängt handeln, ist doch nichts Gutes.«

»Es kommt so leicht, daß man sich in neue Verhältnisse erst langsam einlebt. Und wenn man sich Zeit genommen hat, um sich einzuleben, dann ist die Zeit schon wieder vorüber, und es gilt, das Wanderzelt abzubrechen. Es ist mir bei Abraham, dem Freunde Gottes, so groß, daß er an den verschiedenen Orten, wo er hinkam, immer wieder dem Herrn einen Altar aufrichtete und den Namen des Herrn anrief.

Dies war ein Zeugnis für alle Kanaaniter, die es hören sollten. Und die vierhundert Jahre, welche Gott mit den Kanaanitern noch Geduld hatte, mögen wohl auf die Reisen Abrahams zurückzuführen sein.

In dieser Zeit mußte es sich herausstellen, wem Gott noch segnend begegnen konnte unter diesen Völkern. Bitte, benutzt die Zeit, die kostbaren Gnadentage! Bringt nicht zu viel Zeit zu mit Einrichten! Verliert keinen Tag!

Moody schreibt den großen Segen seiner Arbeit nicht zum wenigsten dem Umstand zu, daß er keinen Tag vorübergehen ließ, ohne wenigstens mit einer Seele über die Seligkeit geredet zu haben.«

»Ich bitte Sie herzlich und dringend, übernehmen Sie nicht zu viel und bedenken Sie, daß alles Zuviel uns innerlich schwächt. Wir brauchen Zeit, um mit Gott zu verkehren.«

Die Anziehungskraft seiner Rede

Es war im Jahre 1895, da habe ich Pfarrer Coerper zum erstenmal gesehen. Er war zum Missionsfest nach Nümbrecht gekommen und wohnte bei meinem Onkel, Pastor Engels. Es steht mir noch sehr deutlich vor Augen, wie er in der Kirche das Wort Gottes ausgelegt hat. Er sprach über 1. Petrus 2,9: »Ihr seid das auserwählte Geschlecht, das königliche Priestertum, das heilige Volk, das Volk des Eigentums, daß ihr verkündigen sollt die Tugenden des, der euch berufen hat von der Finsternis zu seinem wunderbaren Licht.« Er sprach von dem hohen Stand und dem wunderbaren Vorrecht und der heiligen Pflicht der Königskinder. Da habe ich zum erstenmal die tiefe Anziehungskraft gespürt, die von seiner Person und von seiner Rede ausging. Und mein lieber Onkel, Pastor Engels, saß mit großer Freude unter der Kanzel und hörte dem Zeugnis des jungen Knechtes Gottes zu. Und wie mir, so ist es vielen andern gegangen, daß sie von seinem Zeugnis tief angezogen worden sind.

Eine Missionsschwester vom Schwarzwald erzählt, wie sie im Jahre 1902 im Zimmer der Lioba gesessen habe, damals noch nicht im gewissen Glauben stehend: »Pfarrer Coerper sprach über Johannes 15,5: Ich bin der Weinstock, ihr seid die Reben. Unvergeßlich ist es mir, wie er sagte: ›Es muß so vieles hinweggeschnitten werden aus der Rebe. Man denkt, es ist schade um die schönen Reben, und doch ist es nötig. Es wird fast mehr aus dem Weinberg hinausgetragen, als zurückbleibt. So reinigt der Herr seine Kinder von allen wilden Schößlingen.‹ Am Schluß sang man den Vers:

Wo gibt es eine Freude,
Die gleich der meinen ist?
Nichts ist es, das mich scheide
Von meinem Jesus Christ,

O Erdenlust und Wonne!
Fahr hin, dich mag ich nicht!
Mein Jesus ist die Sonne,
Die alles Dunkel bricht.

Da sah ich, wie die Augen von Pfarrer Coerper strahlten und sein Gesicht leuchtete. Ich dachte, das möchte ich auch haben, und wußte nicht, wie ich es bekommen konnte.« Als diese Schwester zum Glauben gekommen war, etwa zwei Jahre später, sprach Herr Pfarrer Coerper in der Gästeandacht morgens über Johannes 10: »Wenn er seine Schafe hat ausgelassen, geht er vor ihnen hin, und die Schafe folgen ihm nach; denn sie kennen seine Stimme.« »Der Vers blieb mir«, bestätigte sie dankbar, »in unvergeßlicher Erinnerung. Und wenn ich heute diese Stelle lese, nach vielen Jahren, dann ist es mir wie frischer Morgentau darauf.«

Bezirksnotar E. erzählt aus früheren Jahren: »Gern erinnere ich mich an eine der ersten Wortverkündigungen des lieben Bruders Coerper, welche ich vor dreißig Jahren in einem Lagerschuppen der Blankschen Fabrik über Jesaja 53.1 hören durfte, wo es heißt: ›Wer glaubt unserer Predigt, und wem wird der Arm des Herrn offenbart?‹ Wie liebewarm verstand es doch der Bruder mit seinen leuchtenden Augen, die Hörenden durch das Thema zu fesseln und für den Herrn zu werben! Es kam mir damals gerade vor, als stände der Herr selbst vor mir und fragte mich, ob ich seinem Wort glaube. Ich bejahte aus tiefstem Herzensgrunde, namentlich nachdem noch Bruder Blank durch ein Schlußwort in seiner bekannten lebendigen Art und Weise in die Versammlung rief: ›Glaubt's! — glaubt's!‹«

Auch manche Kinder empfingen von seiner herzgewinnenden Rede schon bleibende Eindrücke. Frau H. K. schreibt im Jahre 1913 an ihn: »Der Herr hat die ersten Eindrücke, die ich als kleines Kind von Ihnen empfangen durfte, gesegnet. Es war besonders eine Stunde im kleinen Häuschen auf der Eickenscheidterfuhr. Sie sprachen von den Überwindern, die eine Krone empfangen werden, was ich nie vergessen habe. Ich bin in meinem Leben so oft daran erinnert worden. Und ich vertraue meinem Heiland, daß er auch mich einst schmücken wird mit der Überwinderkrone.«

Die Anziehungskraft seiner Rede beruhte im letzten Grunde darauf, daß die Heilandsliebe in seinem Herzen brannte. Diese Liebe machte ihn beredt, gab ihm die rechten Worte, gab seinen Worten einen verborgenen Glanz, zugleich einen rechten Lock- und Werbeton. Wir lassen ihn noch einmal reden, wie er diese Heilandsliebe selbst beschrieben hat:

»Als es dem Heiland gefiel, uns aus unserm Sündenschlaf aufzuwecken und uns aus Barmherzigkeit unser Verderben und die Gefahr, in welcher wir standen, ewig verlorenzugehen, zu zeigen, und wir dann Gnade empfingen, dem Zug des Geistes zu unserm Erlöser zu folgen, ihn als unsern Erretter zu erkennen und anzunehmen — da sanken wir vor ihm nieder, er bedeckte uns mit seiner Gnade, breitete seine Blutskraft über uns aus, und wir waren gerettet. Die große Last war uns abgenommen, das Herz jubelte dem Erretter zu, und wir bekannten, daß in der ganzen Welt uns niemand einen so großen Dienst erwiesen habe wie er, unser geliebter Heiland.

Diese Tatsache und damit zugleich die Person des Erlösers stand uns in diesen Augenblicken ganz und gar im Vordergrund. Unser ganzes Denken war auf ihn gerichtet, und wir gaben ihm unter Tränen der Reue und des Dankes die Palme des Sieges über uns in seine Hand. Er sollte unser Herr sein, und wir wollten ihm ganz gehören. Und als es dann ging nach dem Wort des Heilands, daß alles Opfer mit Feuer gesalzen werden solle, als das heilige Feuer vom himmlischen Altar auf das Opfer unseres Lebens fiel, da fing es in dem Herzen an zu brennen. Unsere Herzen brannten für unsern Erretter. Wir schmolzen gewissermaßen mit ihm zusammen; wir traten in ein persönliches Verhältnis zu dem lebendigen Heiland. Er war uns kein Begriff mehr, sondern eine Person, die uns wunderbar nahegetreten war und nun der Gegenstand unserer Anbetung und Liebe wurde. Als der Geist Gottes das Feuer der Gottesliebe im Herzen anzündete, da merkten wir zuerst etwas, da spürten, da erlebten wir etwas von der ersten Liebe. Wir empfanden diese Liebe als die Liebe, mit welcher wir geliebt, unendlich und wunderbar geliebt waren. Ein Flämmlein der Gottesliebe war angezündet in unsern Herzen, so daß wir ihn wieder lieben konnten, lieben mußten. Das war etwas von der ersten Liebe.

Die erste Liebe trägt aber solche Art und Kraft nur an sich, weil sie eine heilige Flamme des Heilands selber ist. Sie ist das Brennen des Herzens infolge seiner Gegenwart darin und infolge des Wirkens und Waltens und Wohnens des Heiligen Geistes in dem Herzen des Gotteskindes. Es ist eben seine Liebe, mit der er uns liebt und die sich mit unserm Geist verbunden hat und in uns sein Wesen einprägt und ausgestaltet. Es ist des Heilands eigenes Bild in seinen Auserwählten. —

Wie steht's bei uns mit dieser Liebe? Haben wir sie je besessen? Wenn ja, besitzen wir sie jetzt? Brennt die heilige Flamme jetzt im Herzen, die reine, die mächtige Flamme? Brennen unsere Herzen, weil der Heiland nahe ist und uns nichts von ihm scheidet, weil sein Geist in uns nicht betrübt ist oder doch, wo so etwas geschehen war, alles, alles wieder in Ordnung gebracht ist, und weil wir nun auch nichts, nichts Zweifelhaftes im Herzen dulden? Möge niemand die klare Beantwortung dieser Frage umgehen! Wer es aber doch tut, wer ein kaltes, berechnendes Christentum dem wahren Hauch einer gottinnigen Seele vorzieht, der mag sich fragen, ob sein ganzes Christentum mehr ist als eine Spielerei, ja als ein Zumbestenhalten der himmlischen Majestät. Ach, Seele, begnüge dich doch nicht damit, daß irgendwo unter der Asche noch ein kleines Fünklein glimmt, daß noch nicht alles Vertrauen zum Heiland erloschen ist und daß er dir bei aller Lauheit, Trägheit, Kälte doch immer wieder Sünde vergeben und mit unendlicher Geduld dich immer wieder angenommen hat, sondern bleibe vielmehr vor dem Herrn mit dem dringenden, unermüdlichen Flehen,

daß du zu denen gehören möchtest, in deren Herzen die erste Liebe lebt, das heilige Feuer brennt, wärmt und Zeugnis von Jesu Gegenwart ablegt.«
(Aus seiner Schrift: Die erste Liebe)

Der richtige Himmelreichskurs

Pfarrer Coerper hat einmal einem Pfarrer auf seine Bitte hin seine Überzeugung über die Hauptgesetze des inwendigen Lebens in neun wertvollen Sätzen niedergelegt:

1. Um den richtigen Himmelreichskurs zu steuern, ist es wichtig, einige göttliche Wahrheiten in besonderer Weise im Herzen zu bewahren, bzw. sich bewahren zu lassen. Das Wichtigste bleibt, daß wir uns der Vergebung aller Sünden bewußt bleiben dürfen, mit andern Worten, daß wir die Gnadenstellung durch die Kraft des Versöhnungsblutes unseres Heilandes einnehmen und behaupten. Dieselbe ist das große Gnadengeschenk des barmherzigen Gottes, ohne jeglichen Verdienst und Würdigkeit.

2. Dies Geschenk ist nur dem Glauben zugänglich, und zwar einem Glauben, der bereit ist, ganz abzusehen davon, daß man seine Gefühle oder Erfahrungen zu Rate zieht. Diese Gefühle und Erfahrungen sind wechselnd und können uns deshalb leicht betrügen. Sie sind gelegentliche Beigabe des Gnadenstandes, aber niemals die Grundlage desselben.

3. Es ehrt den Herrn, wenn wir auf sein Wort kindlich und einfältig vertrauen. Dagegen ist es eine Herausforderung Gottes, wenn wir sein Wort nach unsern Gefühlen messen. Darum muß man sich an diesen Stecken und Stab halten, an die heilige Zusage, an den Geist und die Gnade unseres Gottes; so allein kommt man vorwärts.

4. Seine Gegenwart ist jedem seiner Kinder zugesichert. Sie kann aber nur wirksam in den Seinen sich bekunden in einem Leben des Sieges über die Sünde, des inneren Wachstums und Fruchtbringens, wenn wir allen Unglauben und Kleinglauben meiden als die schwere Sünde, die gegen das Werk des Heiligen Geistes streitet. Es gilt, Unglauben ebenso zu betrachten und zu fliehen wie Unreinigkeit, Geiz, Diebstahl, Mord usw.

5. Das gereinigte Glaubensauge eines guten Gewissens, das kein Mitwissen mit bösen, Gott verunehrenden und Gott mißfallenden Dingen hat, sieht Gottes Gegenwart und hat es in allem, in kleinen und in großen Sachen, mit Gottes Hand zu tun, die die Schwierigkeiten darreicht und die Prüfungen, damit daraus durch das Licht und die Kraft seines Geistes Gelegenheiten werden, um göttliche Herrlichkeiten anzuziehen.

6. Dies kann aber nur ein unmündiges, einfältiges Kind fassen, das nicht mit seinem Verstand Gottes Verheißungen und Wege meistert, sondern das des Vaters Wort ehrt als ein Kind, das an seinem Herzen ruht.

7. So erfährt man auch die Kraft seiner Gegenwart, die da führt und leitet. So erschließt sich der nie versiegende Brunn seines göttlichen Lebens in der Menschenseele, der in das ewige Leben quillt.

8. Besonders wichtig ist es, daß man die Initiative zu jeder Lebensäußerung in dem gegenwärtigen Gott und Herrn glaubt, sieht und ehrt (1. Petr 3,25; Joh 9,29). Dies verleiht wunderbare Kraft und Stille. Er hat uns ergriffen; nicht nur unsere Seelen, sondern auch unsere Leiber gehören ihm zum Dienst. Das ist der wahrhaft vernünftige Gottesdienst (Röm 12,1; Phil 3,12; 1. Kor 6,13).

9. Wir haben so viel Gotteskraft, als wir glauben und vertrauen, als wir glaubend nehmen und in heiliger Abhängigkeit oder in der Unselbständigkeit Jesu leben, der nicht anders wandeln konnte, als der Vater wollte. Dann kann sich die Gotteskraft offenbaren, und sie tut es auch. Man muß sich eben hüten, mit dem Herrn den Thron teilen zu wollen. Das Ich ist unverbesserlich; auch wenn man es fromm machen will, so ist und bleibt sein Wesen die Selbstsucht. Der Herr hat uns aber von ihm befreit. —

Pfarrer Coerper verkündigte »das volle Heil in Christus« im Sinne der neueren Heiligungsbewegung. Aber er blieb vor den Überspannungen seines Freundes Pastor J. Paul, dem er die Treue bis zu seinem Tode bewahrt hat, durch drei Erkenntnisse bewahrt:

Die junge Familie

Im Kreise seiner Töchter und Enkel

Missionshaus

Missionsberg

»Pilgerruhe«

1. Die Sündennatur ist nicht auszurotten.
2. Das Licht in der Seele bleibt etwas Wachstümliches.
3. Die christliche Vollkommenheit ist keine absolute Vollkommenheit, aber bewußte Scheidung und vollständige Lösung von jeder Sünde.

Er sagt:
Zu 1. »Es ist verhängnisvoll zu denken, die Natur würde in irgendeiner Weise geändert. Wir haben und behalten die fleischerne Natur, d.h. eine Natur mit fleischlichen Trieben, mit der Fähigkeit zu sündigen. Aber wir brauchen nicht fleischlich zu sein, d.h. unter der Herrschaft dieser Triebe zu stehen. Solange wir noch im Gesetz stehen, werden wir immer Niederlagen haben. Die Kraft des alten Menschen ist das Gesetz. Da kann man sehr willensstark sein; aber dieser Wille zum Guten kann aus dem Fleische stammen und erreicht nicht das gute Ziel. Vielmehr gilt es, sich auf den guten Boden zu stellen: Ich bin gelöst von der Lust; sie herrscht nicht mehr über mich, weil ich in Christus bin. So kann ich auch über Versuchungen triumphieren und in allem weit überwinden, kann durch den Geist die Praktiken des Leibes töten. Das geschieht, indem man sich dem Herrn überläßt in völligem Glauben. Je treuer man darin ist, desto mehr verliert sich auch alles Wohlgefallen an dem, was Gott nicht gefällt, indem man praktisch auf die Zucht des Geistes Gottes eingeht und nicht schielt nach der Lust und sich nicht mit ihr einläßt. So wird man ein Überwinder.«

Zu 2: »Wir haben in unsern Gästeandachten miteinander das Sendschreiben an Laodizea betrachtet. Da ist es mir so wichtig geworden, daß wir doch immer wieder bitten möchten um Licht, da es nach dem Wort des Herrn so manche gibt, die meinen, sie seien sehend, und wissen nicht, wie blind sie sind — und wohlgemerkt: das Wort ist nicht an Weltkinder, sondern an Gotteskinder gerichtet. Wie leicht kann sich eine kleine Unlauterkeit, ein bißchen Ehrgeiz, ein bißchen Abweichen von der Wahrheit, ein bißchen Gekränktsein in unser inneres Auge hinein verlieren und dasselbe trüben, so daß wir dann die Herrlichkeit des Herrn nicht sehen und uns auch manche Dinge in einem andern Lichte erscheinen, als sie in Wirklichkeit sind. Denken Sie, daß Sie nötig haben, um Licht über sich selbst zu bitten? Manche Kinder Gottes finden dies ganz überflüssig. Aber meiner Meinung nach ist es ein Zeichen der Lauheit. Brennende Herzen begehren immer mehr Licht des himmlischen Heiligtums. Sie werden stille vor Gottes Gegenwart und lassen von dieser Gegenwart helles Licht auf ihr Reden, Schreiben und Handeln fallen.«

Zu 3: »Sie fragen, liebe Schwester, betreffs der Vollkommenheit. Nicht wahr, vollkommen ist jemand, welcher sein eigenes Leben auf Golgatha hat vollkommen richten lassen, soweit es ihm bewußt ist; welcher weiß, daß sein adamitisches Ichleben verurteilt worden ist auf Golgatha, aber durch Verbindung mit Jesus auch den Todesstoß bekommen hat. Wer sich kindlich in das vollbrachte Wunderwerk auf Golgatha birgt, in dem wird Raum für das neue Jesusleben. In dem Werk auf Golgatha bleiben, gibt dem Heiland die Möglichkeit, in uns bleiben zu können als die fortwährend fließende Lebensquelle. Er kann und will, und bei seinen Gläubigen wird er sein Leben ausgestalten. Je vollkommener wir ihm freie Hand lassen, desto völliger und herrlicher wird er sein Werk tun. Ist der Trieb seiner Liebe unser Lebenstrieb, so wandeln wir vollkommen. Das schließt aber nicht aus, daß manche Gebiete des Lebens noch völliger in das Licht des Heiligtums gezogen werden müssen. Es schließt mangelnde Erziehung und Erfahrung nicht aus, und da liegt also ein großes Gebiet von Möglichkeiten, wo wir irren können und wo unsere Unvollkommenheit zutage tritt. Dies brauchen und dürfen aber keine bewußten Sünden sein, kein Festhalten von Dingen, über welche der Geist Gottes uns straft und zurechtweist. Der kindliche Glaube hat in Jesus die Kraft entdeckt gegen alles Gott Mißfällige, soweit es uns durch den Geist Gottes ins Licht gestellt werden kann.«

Sieghafter Glaube

Es war in der ganzen Wesensart des Glaubens von Pfarrer Coerper etwas Urchristliches, eine apostolische Einfalt, die auf den Heiland allein blickt, von ihm Großes erwartet, von ihm unmittelbar sich geführt und gesegnet weiß, und die darum vor allem in einem kindlichen Gebetsleben die Kraft zu allem Wirken sucht. Es war jene Kraft der ersten Liebe, die über die apostolische Gemeinde den wunderbaren Hauch ausbreitete, jene Liebe, die mit dem Apostel spricht: »Wenn jemand den Herrn nicht lieb hat, der sei verflucht« (1. Kor 16,22). Bei der Gedächtnisfeier sagte ein Teilnehmer, er habe gehört, wie jemand bei der Nachricht von Pfarrer Coerpers Heimgang meinte: »Er war einer von denen, die bis zuletzt in der ersten Liebe gestanden sind.« Es war jener Zug, den er mit seinem treuen Freund Johannes Blank geteilt hat.

Aus der Kraft der ersten Liebe kam auch noch ein anderer Ton in sein Glaubensleben hinein: der Siegeston des Überwinders. Durch das ganze neutestamentliche Zeugnis zieht sich dieser Siegeston hindurch, um dann in der Offenbarung des Johannes den Höhepunkt zu erreichen: »Sie haben überwunden durch des Lammes Blut und durch das Wort ihres Zeugnisses und haben ihr Leben nicht geliebt bis in den Tod.« Das Wort steht auf seiner Todesanzeige. »Nun sind die Reiche dieser Welt unseres Herrn und seines Christus geworden, und er wird regieren von Ewigkeit zu Ewigkeit.« Wie hat Pfarrer Coerper in seiner Verkündigung diesen Siegeston angeschlagen! Wie hat er in der Seelsorge den Seelen Mut gemacht zu einem Überwinderleben! So schreibt er:

»Von Herzen freue ich mich, daß es Ihnen innerlich besser geht. Fahren Sie fort, auf den großen Heiland zu schauen und nicht auf sich, dann wird auch der Glaubensmut in Ihrem Herzen wachsen. Und in dem Maße, als derselbe wächst, werden Sie auch eine Überwinderin werden in allem, was an Sie herankommt und was Sie aufhalten möchte, auch gegen allen Unglauben. Sie dürfen sich nie auf Erfahrungen stützen, sondern auf den lebendigen Heiland. Nicht daß wir eine gute Erfahrung gemacht haben, so sehr wünschenswert das ist, ist uns die Garantie des Vorwärtskommens, sondern daß wir dem lebendigen, gegenwärtigen Heiland vertrauen, ihm uns mit unserer Schwachheit überlassen.«

In einem kleinen Schriftchen »Allezeit Sieg« spricht er sich folgendermaßen darüber aus:

»Was will aber nun die Schrift damit sagen, daß uns Gott ›allezeit Sieg‹ gibt in Christus Jesus? Sieg ist da, wo ein Kampf vorausgegangen ist. Wir dürfen also nicht ein kampfloses Leben erwarten, nicht ein Leben, wo man in seligen Gefühlen ruht, unangefochten durch den Feind; vielmehr ist es ein siegreiches Hervorgehen aus den Kämpfen, welche Fleisch und Blut, der Feind, Umstände und Menschen uns bereiten. Sieg ist ein Wandel mit unverletztem Gewissen, so daß weder unser innerer Mensch noch die Ehre Gottes dabei Schaden leiden, so wie die drei Männer im feurigen Ofen sich aufhielten, ohne daß nachher ein Brandgeruch an ihnen zu merken war, nach dem Wort: ›Gott ist bei ihr drinnen, darum wird sie fest bleiben; Gott hilft ihr früh am Morgen‹ (Ps 46,6).

Sieg ist ferner ein Wandel, bei welchem weder unsere Mitmenschen in ihren berechtigten Ansprüchen noch unser Beruf zu kurz kommen; vielmehr wird dadurch ›der Geruch (oder Siegesweihrauch) Christi offenbart an allen Orten‹. Wo unser Besieger in uns regiert, da werden auch himmlisches Wesen, sein Reichtum, seine Kraft aller Sünde gegenüber, seine Tröstungen, sein himmlisches Erbarmen, sein Friede und seine Freude an jedem Ort und unter allen Umständen in uns so vorhanden sein, daß es der beherrschende Ausdruck unseres Wesens geworden ist und mit einer, die Schwierigkeiten, Nöte und Verhältnisse überwindenden Kraft zum Ausdruck kommt.

Weiter ist es nötig, daß man Gott, wenn man anders den Willensentschluß gefaßt hat, ein Überwinder werden zu wollen, die Ehre dafür gibt. Es ist Gottes Werk, wenn er uns willig macht, in diese heilige Überwinderbahn einzugehen. Es ist nicht etwas Zufälliges oder meiner Willkür überlassen. Gott hat es in mir gewirkt, und Gottes Werk will ich ehren. Er verlangt darüber Rechenschaft von mir. Er hat es gewirkt durch sein Wort, indem er mir dasselbe im Herzen durch seinen Heiligen Geist beleuchtet und damit einen heiligen und kraftvollen Anstoß für meine Seele gab. Darum bin ich auch nicht berechtigt, diesen Weg als etwas mir Überlassenes und Menschliches anzusehen; es ist Gottes Werk, das in mir ausreifen soll. Denn Gott ist, der in uns wirkt das Wollen.

Und wie er das Wollen wirkt, so ist er es auch, welcher das Vollbringen wirkt (Phil 2,13). Er wirkt es in der Weise, daß er Golgatha in uns verklärt, daß er das Kreuz des Herrn in seiner wunderbaren Bedeutung unserm Herzen nahebringt, und zwar als den Ausdruck und die Kraft des göttlichen Gerichts über alles eigene adamitische Leben, zugleich aber auch als Versiegelung der göttlichen Vergebung aller Schuld, aller Sünden, aller Ungerechtigkeit und ferner als Reinigung von allem, was das Gewissen und das Herz jemals belastet hat. Endlich ist es auch die Kraft der Befreiung, indem es mich von meinem Eigenleben und von dem Leben der Welt löst und mir zeigt, daß ich ein mit Christus Gekreuzigter bin. So wirkt Gottes Geist eine Golgathaerkenntnis und eine Golgathabuße im Menschenherzen durch Offenbarung der Bedeutung des Werkes Christi am Kreuz.«

Noch einige andere Äußerungen über das Siegesleben seien weitergegeben:

»Niederlagen kommen immer wieder, wenn man es mit Menschen zu tun hat. Dagegen, wenn man das, was einem zustößt, was einem angetan wird durch Menschen, aus des Herrn Hand annimmt, so liegt die Sache ganz anders. Doch nicht aus der Hand eines fernen Herrn, sondern eines nahen Heilandes, dem man dabei in die Augen schauen und ihn kindlich und herzlich bitten darf, daß er das, was der Feind böse machen wollte, gut machen möchte.«

»Man muß sich einer Leidenschaft gegenüber, wie überhaupt jeder Sünde gegenüber, auf den Erlösungsboden stellen, sonst kommt man nicht weiter. Aber auf dem Boden der Erlösung kann der Feind uns nicht überwältigen; darum gilt es dankend und den Herrn preisend voranzugehen. Der Feind muß das Siegesgeschrei der Erlösten hören, die am Kreuze ihren Platz eingenommen haben, dann muß er weichen.«

»Ich lege Ihre Zeilen dem Heiland hin und bete weiter. Stehen Sie fest in dem vollbrachten Werk auf Golgatha und gestatten Sie dem Feind nicht, irgendwelche Ansprüche zu erheben — wir sind ihm nichts schuldig — und lassen Sie uns behutsam wandeln.«

In seinem Amtskalender stehen während der Straßburger Zeit die Worte: »Die Ich-kann-nicht-Natur muß hinweg, wir brauchen eine Ich-vermag-alles-Natur.«

Sein früherer Mitarbeiter Pfarrer Kühn urteilt: »Ich kann nur wünschen, daß das Lebenswerk von Pfarrer Coerper auch dadurch geehrt und fortgesetzt werde, daß die biblischen Wahrheiten, die er uns, vielleicht in manchmal überbetonter Weise, zu verkündigen hatte, die Wahrheiten von der Freiheit und von dem Liebes- und Siegesleben eines Christenmenschen, nicht unter den Scheffel gestellt, sondern zu rechter Zeit und in biblischer Tiefe in Predigt und Seelsorge dargeboten werden.«

Das Urchristliche bei Pfarrer Coerper trat auch darin in Erscheinung, daß er glaubte, daß die Kräfte der Urchristenheit nicht beschränkt seien auf die apostolische Zeit, sondern auch für die Gegenwart der Gemeinde Gottes verliehen sind, wenn wir sie nur im Glauben ergreifen. Und dazu gehörte vor allem seine Gewißheit, daß Jesus nicht bloß der Arzt der Seele, sondern auch der Arzt des Leibes ist. Er sagt einmal darüber:

»Ich las kürzlich ein Wort, welches mir außerordentlich wohltat und welches lautet: ›In dem Saum des Gewandes Jesu lag mehr Heilkraft als in allen Apotheken der Welt.‹ Es war in der Geschichte vom blutflüssigen Weib, das all seine Habe an die Ärzte gehängt hatte.«

Er hat oft auf Wunsch den Kranken die Hände aufgelegt, und viele bezeugen, daß ihnen dadurch eine Kraft der Genesung mitgeteilt worden sei.

Pastor Blecher, Friedrichshagen, erzählt: »Als wir im März 1928 nach einer anstrengenden Vorstandssitzung im Jugendbundheim zu Woltersdorf hörten, daß unser Reisesekretär Weber schwer erkrankt in seinem Hause zu Friedrichshagen daniederliege, kam Bruder Coerper doch in der Mittagszeit, während jeder gern etwas ruhte, sofort hierher, betete mit Bruder Weber, legte ihm die Hände auf, und Gott gab Gnade zu seiner baldigen Wiederherstellung. Dann kam er noch in mein Haus und trug folgende Worte ein in unser Gästebuch, die uns so wertvoll sind wie Testamentsworte: ›Jesus spricht: Ich bin der Weinstock, ihr seid die Reben; wer in mir bleibt und ich in ihm, der bringt viel Frucht.‹«

Ein anderer Bruder bezeugt: »Ich hatte einen Nervenzusammenbruch erlitten, der sich besonders in starken Herzstörungen äußerte. Pfarrer Coerper hörte davon und lud mich ein, er wolle mit mir beten. Er tat es in aller Schlichtheit und Einfalt, und Gott gab Gnade, daß ich schon am nächsten Tag eine Reise und am übernächsten einen größeren Ausflug machen konnte, während ich die letzten zwei Wochen nur wenige Schritte und sehr langsam gehen konnte. Dieser Dienst unseres Bruders geschah mehr im Kämmerlein als in der Öffentlichkeit; er ging keusch mit dieser Gabe um und wollte in erster Linie einen Dienst der Seele zur Stärkung des Glaubens und kindlichen Vertrauens Gott gegenüber tun, wenn er einen einlud zu Handauflegung und Gebet.«

Bei solchen Diensten wurde er durchaus nicht unnüchtern und hat in der Seelsorge immer wieder betont, daß es kein Unrecht sei, ärztliche Hilfe in Anspruch zu nehmen:

»Es ist ein köstlich Ding, daß das Herz fest werde, welches geschieht durch Gnade. Ein Unrecht ist es gewiß nicht, die Anweisungen eines erfahrenen Mannes anzunehmen und sich helfen zu lassen. Mancher möchte Gott zwingen, ohne Arzt zu helfen, ohne jedoch die volle Gewißheit zu haben, daß dies Gottes Plan mit ihm ist. Dann lebt das Herz in Zweifeln und Ungewißheit, und das ist weder für die Seele noch für den Leib gut.«

»Jeder muß seiner Meinung gewiß sein. Das muß Ihnen auch vor Gott ganz klar sein, ob Sie gute Ratschläge eines Arztes annehmen wollen oder nicht. Ich überlasse es natürlich Ihnen. Doch bitte ich Sie dringend, daß Sie sich klar werden, ob es nicht eigene Gedanken sind, sondern wirklich des Herrn Wille. Sie wissen, daß es heißt: ›Welches die Ägypter auch versuchten und ersoffen.‹ Man muß da göttliches Licht haben, um auf diesem schmalen Pfad zu gehen.«

In seiner eigenen Altersschwachheit hat er zugelassen, daß die Seinigen den Arzt in Anspruch nahmen, und war besonders dankbar für die hingebende Hilfe des Missionsarztes Dr. Eitel, der mit allen Mitteln der ärztlichen Kunst den sinkenden Kräften des Kranken aufhelfen wollte. Aber sein Vertrauen hat er nicht auf den Arzt gesetzt, sondern auf den Herrn, in dessen Hände er sich ganz geborgen wußte.

Der Glaube an den Willen des erhöhten Hauptes, die Kräfte der urapostolischen Gemeinde auch heute noch zu schenken, verband ihn mit dem Leiter der Rettungsarche in Möttlingen, Vater Stanger. Er wurde manchmal gefragt, wie er zu Möttlingen stehe, und gab die Antwort: »Wer nach Möttlingen geht, um zu kritisieren, der findet manches. Wer aber nach Möttlingen geht, um gesegnet zu werden, der kann reich gesegnet werden.« Rührend war es, wie die beiden Männer in ihrem Leben voneinander Abschied genommen haben. Es war im Jahre 1934, kurz nach dem Geburtstag von Pfarrer Coerper, da fuhr Vater Stanger vor. Er wollte es sich nicht nehmen lassen, seinen geschätzten und lieben Bruder in dem Herrn zum Geburtstag nachträglich zu grüßen. Beide Männer waren gelähmt. Vater Stanger war durch sein Gichtleiden an allen Gliedern gelähmt und konnte nicht der Kutsche entsteigen, und Pfarrer Coerper war durch seinen Schlaganfall gelähmt und konnte nicht hinuntergehen. Da haben die beiden mit Taschentüchern, der eine von oben und der andere von unten, einander lächelnd zugewunken. Ich habe damals neben Vater Stanger Platz genommen. Da sagte er zu mir in seiner derben Weise: »Ich war früher ein Lump, aber mir ist Barmherzigkeit widerfahren.« Und diese Barmherzigkeit hat ihn so unendlich barmherzig gemacht. Darin war er dem lieben Pfarrer Coerper ähnlich. So haben die beiden so verschiedenen Gotteszeugen in dieser Welt voneinander Abschied genommen, um in der Herrlichkeit ewiglich miteinander Gemeinschaft zu haben.

Die Stellung innerhalb der Gemeinde Gottes

Pfarrer Coerper ist aus der Volkskirche hervorgegangen und ist bis zu seinem Ende in der Volkskirche geblieben, nicht aus einer Macht der Gewohnheit heraus, auch nicht aus bloßen Arbeitsüberlegungen, sondern ganz bewußt. Auf die Anklagen, die man gegen die Volkskirche erhoben hat, hat er eine Antwort gegeben, die nicht mehr in unsern Händen ist. Aber aus der zweiten Antwort möchten wir einige Sätze hervorheben.:

»Wir legitimieren das Verkehrte in der Kirche keineswegs, sondern wir erheben unsere Stimme dagegen, da, wo es uns der Herr zeigt. Wir werden aber viel eher gehört, wenn wir's innerhalb der Kirche tun, als wenn wir von außen her gegen dieselbe rufen.«

Mit den ernstgesinnten Stadtpfarrern von Liebenzell war er in brüderlicher Liebe verbunden. Stadtpfarrer Lempp, früher in Liebenzell, schrieb bei seinem Heimgang:

»Ich kann mir Liebenzell gar nicht denken ohne den lieben, guten Freund, ohne den betenden und fürbittenden Bruder, dessen heiliger Ernst um die Sache unseres Herrn Jesus Christus auch mir in meiner Amtszeit in Bad Liebenzell so wertvoll und wichtig gewesen ist. Dankbar gedenke ich seiner liebevollen Worte und seines innigen Betens, nicht bloß im großen Kreise der Öffentlichkeit, sondern noch mehr da, wo nur zwei oder drei im Namen Jesu zusammen waren und ein ernstes Anliegen im Gebet dem himmlischen Vater ans Herz legten. Solche mit ihm zusammen erlebten Augenblicke werde ich nie mehr vergessen.«

Aber seinen eigentlichen Platz hatte er nicht in einer irdischen Kirche oder Organisation, sondern in der Gemeinde Gottes. Auf die Frage, zu welcher Richtung er sich bekenne, hat er die schöne Antwort gegeben:

»Sie fragen, welcher Richtung ich am nächsten stehe. Ich will Ihnen sagen, daß es mir im Reiche Gottes so geht wie in dem großen Reich der Natur. Wie Gott da so verschiedene Blumen und Pflanzen und die mannigfaltigsten Tierarten geschaffen und in all den Dingen seine besonderen Gedanken niedergelegt hat, so daß wir staunend anbeten müssen, so ist es auch im Reiche Gottes. So sehr verschiedene Blümlein wachsen darin, und alle haben ihre besondere Farbe und Art, ihre Besonderheit und Vorzüge, um zum Wohl des Ganzen zusammenzuwirken. Gott aber und unser Heiland hat die ganze Entwicklung in seiner Hand und wird alles herrlich hinausführen. So freue ich mich über alles Gute, was ich bei den verschiedensten Richtungen finde, und will daraus lernen nach dem biblischen Wort: ›Prüfet alles, und das Gute behaltet.‹ «

So konnte er sagen: »Ich stehe mit allen wahren Gotteskindern in herzlicher Gemeinschaft und möchte niemand um seiner etwaigen Besonderheit willen von der Liebe, die ich ihm schuldig bin, ausschließen.« Darum war es ihm eine herzliche Freude, auf den Allianzkonferenzen mit den Kindern Gottes aus den verschiedensten Lagern zusammenzustehen. Es war ihm ein Schmerz, wenn innerhalb der Gemeinde Gottes Risse entstanden und es zu Trennungen kam, worunter die Liebe Not leiden mußte.

Aber gegenüber den eigentlichen Sekten, die von der Kirche Christi sich abgeschnitten hatten, hatte er eine unerbittlich ablehnende Stellung. Einer, der sich von den Sabbatisten hatte fangen lassen, bekam von ihm die Antwort:

»Der Herr wolle Ihnen Gnade geben, aus dieser Umgarnung der Sabbatisten wieder herauszukommen! Es ist eine gesetzliche Verirrung, die gebraucht wird, um Parteiungen zu machen. Davon bin ich ganz fest überzeugt. Die ganze Sache wird durch Kolosser 2,16-20 gerichtet, auch durch die Tatsache, daß vom Sabbat in allen Briefen keine Spur vorhanden ist. Vergleiche auch Apostelgeschichte 15,20, wo nichts vom Sabbat erwähnt ist! Dazu kommt, daß die ersten Christen ganz gewiß den Sonntag hielten, und es ist eine geschichtliche Fälschung, wenn die Sabbatisten behaupten, daß der Sonntag erst von einer abgefallenen Kirche eingeführt worden sei. Lassen Sie sich nicht wiederum in das knechtische Joch fangen!« (Gal 5,4).

Ja, er sah diese Sache von einer ganz andern Seite an, wie uns eine Schwester mitteilt:

»Einmal erzählte Herr Pfarrer, wie ihn ein Sabbatist bedauerte, daß er den Segen des Sabbathaltens nicht habe. Herr Pfarrer entgegnete ihm: Ich feiere alle Tage Sabbat, nicht nur einmal in der Woche. Uns fragte er bei der Gelegenheit, wer von uns schon zur Sabbatruhe eingegangen sei. Nicht nur Gewissens-, sondern Herzensfrieden sollen wir haben, ruhen von den eigenen Werken. Wie oft konnte er sagen: Laß dich fallen in die ausgebreiteten Arme Gottes!«

Das 25jährige Jubiläum der Liebenzeller Mission

Auch in den schwersten Zeiten hat Pfarrer Coerper nicht einer resignierten Stimmung gegenüber der Missionsarbeit Raum gegeben, sondern ist vorwärtsgegangen. Während andere noch zurückhaltend waren und abwarten wollten, ob man wirklich in der Mission in der bisherigen Weise weitermachen könnte, hat er die Fahne Jesu Christi mutig weiter hinausgetragen in die Heidenlande.

Direktor Hoste von der China-Inland-Mission schrieb in der Zeit der größten Bedrängnis:

»Es freut mich sehr, daß Sie neue Arbeiter aussenden, sowohl Brüder als Schwestern. Und ich danke meinem Gott für den Glauben, den er Ihnen schenkt, daß Sie so vorwärtsgehen trotz der großen Prüfungen und Schwierigkeiten, die Sie und Ihre Mitarbeiter in dieser Zeit durchmachen müssen. Ich glaube, daß es möglich ist, zu weise und zu klug zu sein und so den Blick für den Willen und Weg des Herrn zu verlieren, den er doch willig ist, denen zu offenbaren, die wie kleine Kinder ihm völlig vertrauen. In meinen Gebeten muß ich viel Ihrer gedenken und all der Knechte des Herrn, mit denen wir in Deutschland verbunden sein dürfen.« — Eigentlich hatte die Liebenzeller Mission genug Missionsgebiete in China, auf der Südsee und den Admiralitätsinseln. Und doch wagte das Komitee, vor allem auf die Anregung von Pfarrer Uhlig hin, auch in Japan Fuß zu fassen.

Ein Höhepunkt des Missionslebens war die Feier des 25jährigen Jubiläums der Mission im November 1924. Über diesen inhaltsreichen Tag hat Pfarrer Coerper an die Geschwister einen herzbeweglichen Bericht gesandt, aus dem wir einiges hier anfügen:

»Für mich war der Tag noch insofern bedeutend, als er mir die telegraphische Nachricht des Heimgangs meines lieben Bruders Fritz in Barmen brachte. Ein langer Artikel in ›Licht und Leben‹ gibt eine treffliche Schilderung seines reichen Wirkens. Der Artikel schließt mit den Worten: ›Was war uns dieser fürstliche Mann! Er war uns wie eine Zuflucht vor dem Winde, wie ein Schirm vor dem Platzregen, wie die Wasserbäche am dürren Ort, wie der Schatten eines großen Felsens in der Wüste.‹ Und ich darf wohl sagen, daß diese Schilderung ihre gute Berechtigung hat. Ich habe viel an diesem Bruder verloren, doch auch nicht verloren: er ging mit 77 Jahren zu den ewigen Hütten nach einem Leben reicher Liebessaat.

Der Hauptgottesdienst des Jubiläums versammelte uns um zehn Uhr in der Stadtkirche. Zum erstenmal nach zweiundzwanzig Jahren war es mir gestattet, im Vormittagsgottesdienst zu reden und den Erntedankfestgottesdient der Gemeinde, verbunden mit unserm Dankfestgottesdienst, zu halten. Die Nachmittagsfeiern begannen um halb drei Uhr sowohl in der Kirche als auch im Missionshaussaal. Wir mußten sehr wehren, daß von den Gemeinschaften nicht mehr als je ein oder zwei Vertreter kommen möchten. Infolgedessen war der Zudrang diesmal nicht so sehr stark; doch waren beide Räume sehr gut besetzt. In diesen Tagen konnten wir die Mission einmal gut zu ihrem Recht kommen lassen. Es wurde von draußen erzählt und auf die Bedeutung der großen Missionssache deutlich und dringend hingewiesen. Und wir sind überzeugt, daß es nicht umsonst gewesen ist. Manche Gemeinschaften sind zu neuer Missionsliebe aufgewacht.

Unsere alte liebe Schwester Lina Stahl nahm an allem noch sehr regen Anteil. Sie saß zwar seit einigen Tagen mit Wasser in den Beinen, welches gegen das Herz andrang, recht beschwert in ihrem bekannten Stuhl neben dem Sofa in der großen Stube der Pilgerhütte ihrer Altenherberge. Sie wollte keineswegs zu Bett gehen. Ihr reger Geist leitete noch das Haus, und sie freute sich zu sehen, wie der Herr uns erlaubt hatte, ein so gesegnetes Eben-Ezer aufzurichten. Am Sonntag- und Montagabend, nachdem die Feiern zu Ende waren, durfte ich sie noch besuchen und mit ihr beten. Es war immer kostbar, mit ihr zu beten und Gemeinschaft mit ihr zu haben. Aber ich merkte wohl, daß ihr Atem sehr schwer ging und sie schwer krank sei. Gegen halb zwölf Uhr nachts hörte ich eine Stimme unter meinem Fenster. Es war Fräulein Klara Henne aus Stuttgart, welche gerade in der Pilgerhütte weilte. Sie sagte: ›Unsere liebe Schwester Lina ist soeben heimgegangen.‹ Man hatte sie noch ins Bett gebracht, da tat sie nur noch einige Atemzüge, schaute freundlich ihre Helferin an und war daheim beim Herrn. Am Donnerstag, dem 20. November, bahrten wir ihren Sarg in dem großen Saal der Pilgerruhe auf. Nach der Andacht setzte sich der lange Zug in Bewegung zum Friedhof, wo der Basler Missionar Fischer, einer der späteren Diakonissenpfarrer in Stuttgart, die Grabrede hielt. Ja, ›selig sind die Toten, die in dem Herrn sterben von nun an. Ja, der Geist spricht, daß sie ruhen von ihrer Arbeit, und ihre Werke folgen ihnen nach.‹

Am Tage darauf kam die erschütternde, uns tief bewegende Trauerbotschaft: ›Hungkiang völlig durch Brand zerstört.‹

Wie gut, daß wir dies alles, alles ins Heiligtum tragen dürfen, und daß wir, wie ein beliebter Ausdruck der Heiligen sagt, ›uns der Dinge nicht annehmen müssen‹, d.h. sie nicht in eigener Kraft verarbeiten müssen! Wie gut, daß wir im Heiligtum Freude und Leid, Ehre und Schmach liegenlassen dürfen!

Viele freundliche Zuschriften und auch Gaben empfingen wir in all diesen Tagen. Eine besondere Freude war es uns auch, daß wir wieder einmal 1 000 Dollar nach China überweisen durften. Wir standen finanziell in einer Zeit der geringen Dinge. Trotzdem: in dieser schweren Zeit für unsere Geschwister in China hat der Herr durchgetragen und versorgt. Der Herr ist freundlich und wird uns weiterhelfen, auch dann wenn, wie es augenblicklich geschieht, wieder einmal ein scharfer Gegenwind gegen unsere Mission durch manche Kreise der Gemeinschaftsbewegung geht. Aber wir haben ja immer

Gegenstrom gehabt, und ich glaube, derselbe hat geholfen, uns gesund zu erhalten. Dem Herrn sei Dank für alles! Manche liebe Grüße kamen auch aus den Missionsfeldern gerade in den Tagen des Feierns, was uns besonders freute.«

Der milde Atem seiner Liebe

Bei der Beerdigungsfeier hat der Verfasser das Geheimnis seines Wesens so geschildert:

»Es war ein heißer Atem des Glaubens in ihm. Er wollte ganz für seinen Herrn da sein und nichts für sich zurückbehalten. Er wollte Menschen erziehen, die sich ganz auf den Altar Gottes hingelegt haben mit allen Gaben und Gütern, mit allen Kräften des Leibes und der Seele. Mit diesem Atem des Glaubens hat er vielen über den toten Punkt in ihrem Glaubensleben hinübergeholfen. Er war ein Mann, der im Glauben die ›zweite Meile‹ gehen wollte und der die Christen mit nachhaltigem Ernst dazu erzog. Aber mit dem heißen Atem des Glaubens verband sich bei ihm ein unendlich milder Atem der Liebe. Seine Seelsorge hatte etwas Feines, Zartes und Mildes. Damit hat er Ungezählten wohlgetan.«

Ja, seine Liebe! In einem Beileidsbrief aus der Verwandtschaft heißt es: »Seine Liebe war unwiderstehlich; sie überwand ohne weiteres den, dem sie wirklich galt. Liebe war auch der Ausdruck seines inneren Wesens. Liebe leuchtete aus seinen Augen. Liebe war sein Kampfmittel und Liebe sein wirklicher Trost.«

Auf einem Zettelchen hat er selbst einmal diesem Gedanken mit einem Verschen Ausdruck verliehen:

»Nicht nur nimmt nimmer ein Ende die Liebe. —
Sofern sie echt ist, wächst sie ohne Ende
An Kraft, Tiefe und heiliger Glut.«

Wie sich diese Liebe kundtat, erzählt ein Bruder aus eigenem Erleben: »Als Pfarrer Kühn im Jahre 1926 kaum ein Jahr von seiner Inspektionsreise nach China, wo er die Nöte und Anliegen all der Geschwister draußen aus eigener Anschauung kennengelernt hatte, in die Heimat zurückgekehrt war, hörte man im Missionshaus, es solle eine Kläranlage gebaut werden, die wohl einige tausend Mark kosten würde. Angesichts der bekannten und nun auch durch Herrn Pfarrer Kühn kräftig vertretenen Nöte draußen wurde die Nachricht von der geplanten Erneuerung bei den Geschwistern als rechte Belastung empfunden, was schließlich zu den Ohren von Pfarrer Coerper kam. In der ›Geschwisterwoche‹ kam dann die Sache offen zur Sprache und wurde auch die dringende Notwendigkeit der Anlage erkannt. Nun schlug das Gewissen. Am kommenden Sonntag hielt Pfarrer Coerper die Morgenandacht über Philipper 4,6, ohne natürlich das geringste von der Geschichte zu erwähnen. Unter anderem sagte er auch: ›Wer nicht anhaltend betet, macht anhaltend Verkehrtes.‹ Während dieser Stunde wurde es mir innerlich ganz klar, daß ich hinzugehen und ihm mein Gemurmel abzubitten hätte. Nach Schluß fragte ich ihn, ob ich in sein Studierzimmer mitgehen dürfte. Er nahm mich gleich mit, und mit schwerem Herzen bekannte ich mein Unrecht. Was tat Pfarrer Coerper? Er hatte schon seinen Arm um mich gelegt, und als ich zu Ende war, küßte er mich mit einer Liebe, die brannte. Dann zog er mich auf die Knie nieder und betete mit mir. Kein Wort des Vorwurfs, kein Wort der Zurechtweisung. Am liebsten hätte ich mich angesichts dieses Großmuts und der brennenden Liebe in die Erde verkrochen, so hatte ich mich geschämt. Diese Art von Seelsorge wird mir zeitlebens im Gedächtnis bleiben. Und diese feurigen Kohlen brennen immer wieder, so oft mir dieses Erlebnis ins Gedächtnis kommt.«

Ein Gast der »Pilgerruhe« schreibt: »Als ich mich im lieben Missionshaus nach einer Krankheit erholen und stärken durfte und ich zum Gebet in Herrn Pfarrers Zimmer kam und ihm von einer Begebenheit erzählte, die unser Herz beschwerte, nahm er ein Blatt Papier und schrieb darauf die Worte:

Ein selig Herz führt solche Sprach':
Lieben, nur lieben ist mein Sach!

Also das war die Antwort! Ich habe dieses gute Rezept in meiner Bibel liegen und erinnere mich gern und dankbar an jene Augenblicke. Immer wieder darf ich es üben und lernen: Lieben, nur lieben ist meine Sach!«

Ein anderer Gast aus Liebenzell erzählt: »Welch weiches, warmes Herz hatte er! Wie ging er zu Verlassenen, Elenden, Kranken und Kindern, und wenn es ganz Fremde waren, die nichts mit seiner ihm besonders vom Herrn aufgetragenen Arbeit als Prediger oder Leiter der Mission zu tun hatten. Wenn es nur Menschen waren, denen er Liebes und Gutes tun konnte, dann war ihm kein Umweg zu weit, auch wenn es länger als die ›zweite Meile‹ war, dann stach die Sonne nicht zu heiß im Sommer, noch waren die Wege im Schwarzwald zu sehr vereist im Winter. Er half und stützte, die ihm vom Herrn auf sein so großes, weites Herz gelegt waren, nicht bloß mit Worten und ließ sie dann wieder gehen. Nein, wo er mit seinen für das Leid seiner Mitmenschen geschärften Augen leibliche Not erblickte, da tat er seine Hände weit auf und half in so königlicher Art, wie es eben nur ein rechtes Königskind zu tun vermag. Bei der Fülle seiner Aufgaben auf dem Missionsberg und unter seinen Mitarbeitern war ihm kein Weg zu weit, sie in ihren Nöten, von denen er hörte, zu besuchen, selbst auch ihre Kinder in Krankheitsnöten. Ihre Nöte waren seine Nöte, und er betete mit ihnen. Er sah sich verantwortlich für jeden einzelnen. Die Liebe trieb ihn dazu.«

Ein besonderer Zug seiner Liebe war: Er stand mitten unter seinen Brüdern und Schwestern als ein Diener, nicht als einer, der herrschen wollte, sondern als einer, der dem Heiland nachfolgen wollte in seinem Wort: »Ich bin unter euch wie ein Diener« auf Schritt und Tritt.

Inspektor H. erzählt: »Die letzte weitere Reise vor seiner Erkrankung durfte ich mit Herrn Pfarrer Anfang November 1933 nach München machen. Schon mit dem ersten Zug fuhren wir ab und hatten um zwölf Uhr mittags bereits die wichtige Unterredung hinter uns, und nach einem Besuch bei einem lieben Missionsfreunde traten wir die Rückfahrt an, die wir zu einer zweiten Besprechung in Augsburg unterbrachen. Nach einigen Stunden stiegen wir wieder ein und fanden in einem vollen Abteil unseren Platz! Neben Herrn Pfarrer Coerper saß ein junger Herr, der sich vor Eßlingen zum Aussteigen bereit machte. Mit einemmal stand Herr Pfarrer auf und half ihm seinen Mantel anziehen. Da drehte sich der Mitreisende um und rief: ›Was sehe ich? Sie helfen mir, dem Jüngeren? So etwas ist mir in zwanzig Jahren nicht vorgekommen.‹ Der Mann war ganz überwältigt von der feinen Art, mit der der greise Pfarrer ihm begegnete, und wird es hoffentlich nicht vergessen haben. Nachts um ein Uhr erreichten wir wieder Liebenzell.«

Der Lammessinn

Pfarrer Coerper hatte in England aus dem Munde von Otto Stockmayer Vorträge gehört über den Lammesweg nach Offenbarung 14: »Sie folgen dem Lamme nach, wo es hingeht.« Und er war willig den Lammesweg zu gehen, still, duldend, den unteren Weg wandelnd, nicht widerstrebend dem Übel.

Dazu gehörte für ihn zunächst die Stille vor Gott. Je länger, desto mehr war eine Stille in ihm, die sich über sein ganzes Wesen ausgebreitet hatte. Er verlor auch in schwierigen Situationen nie das Gleichgewicht, kam kaum in Aufregung hinein. Er blieb in dieser Stille, weil er vor dem Angesicht Gottes wandeln wollte. Er pflegte diese Stille auch auf dem Missionsberg. Auf den Bänken im Freien ließ er Sprüche anbringen: »Ich sitze oder stehe auf, so bist Du da« — »Viel Worte sind ein Zeichen meist von einem noch zerstreuten Geist« — »Am Schweigen werden die erkannt, die Gott im Herzen tragen« — »Gewißlich ist der Herr an diesem Orte«. Am Aufgang des Missionsbergs steht auf einem großen Stein: »Gott ist gegenwärtig«. Alle sollten still werden vor Gott, damit er zu ihnen reden könne. Eine Schwester erzählt:

»Einmal sagte ich: ›O Herr Pfarrer, könnte ich doch auch allezeit in Stürmen und Nöten so ruhig und still sein wie Sie! Sie sind sicher als ›Johannesseele‹ schon geboren. Ob es mit mir lebhaftem Menschen auch einmal so weit kommt?‹ — ›Haben Sie schon einmal einen sehr lebhaften Menschen kennengelernt?‹ fragte mich mein Lehrer nun. ›O ja, den brauche ich nicht zu suchen, der bin ich selbst‹, war meine Antwort. ›Nein, der war ich‹, antwortete Pfarrer Coerper. ›Als Student wollte ich einmal in Bonn einen festlichen Umzug sehen; kein Platz war mir gut genug dazu; somit erstieg ich ein ziemlich hohes Gartenhaus. Mit meinen Füßen strampelte ich ordentlich vor Freuden über meine gute Aussicht. Doch siehe da, als der Festzug kam, war ich auf der Dachpappe durchgebrochen und saß auf der Erde!‹ Da mußte ich horchen, staunen und lachen, daß der stille, abgeklärte Mann vor mir das lebhafte Menschenkind so verstehen kann. ›Als ich mein Leben dem Herrn weihte‹, fuhr er fort, ›studierte ich das stille Lamm.‹ — ›Herr Pfarrer, auf welchem Wege kamen Sie am schnellsten zu dieser Ruhe und Geduld?‹ forschte ich weiter. ›Durch Schläge! — Trübsal wirkt Geduld‹, war des Lehrers Antwort.«

Wie hat er seine Brüder und Schwestern immer wieder auf den Lammesweg gewiesen! So schreibt er an einen Bruder:

»Ich möchte Sie aber herzlich bitten, keine bittere Wurzel in Ihrem Herzen aufkommen zu lassen. Das wäre ja nur ein Triumph für den Feind, und der würde Sie lahmlegen. Bitte, lieber Bruder, lassen Sie sich durch die Gegenwart Gottes das Herz durchsalben mit seiner Gottesliebe, und sie auszustrahlen ist Ihre Aufgabe. Das Leben Jesu und seine wunderbare Erlösung von dem Selbstleben zu verkündigen, ist Ihre heilige und selige Pflicht.«

»Nur auf diesem Wege«, wurde er nicht müde zu sagen, »gibt es auch ein gegenseitiges Auskommen mit anders gearteten Geschwistern. Wenn wir gestorben sind, d.h. unserem Egoismus abgestorben, wenn der Heiland wirklich in uns Raum hat, leben und regieren kann, dann ist es nicht schwer, auch mit uns auszukommen. Die Schwierigkeit liegt in der Quelle aller Schwierigkeiten, im alten Menschen. Tersteegen sagt: ›Geh gründlich aus der Selbstlieb aus; sie macht dir solchen Druck im Haus.‹ Das ist auch richtig. Wenn wir das Abc der Nachfolge richtig gelernt haben, welches ja bekanntlich lautet: ›Will mir jemand nachfolgen, der verleugne sich selbst‹, dann ist die Nachfolge nicht schwer, und da liegen viele Segnungen auf unserm Wege!«

Alle Begebenheiten, die dazu dienen konnten, einen Christen im Lammessinn zu üben, hieß er willkommen.

Er schrieb einem Bruder: »Was Ihre Frage betrifft, so kann ich eigentlich nur antworten, daß es kaum etwas so Seliges gibt wie die Feindesliebe, und wenn Ihr Lieben gerade Gelegenheit habt, Euch darin zu üben, so tut es doch nur mit Fleiß und Eifer. Wir wissen ja nicht, wie lange wir noch einigermaßen stille Zeit haben, um uns darin zu üben, damit, wenn die Gerichtswetterwolken losbrechen, wir sie in Geduld durchstehen können und nicht zuschanden werden in den Stunden der Finsternis und großen Trübsal, die doch wohl nicht mehr lange ausbleiben werden. Lassen Sie sich nur nicht müde machen zu lieben. Wir sind so leicht geneigt zu sagen: So, jetzt ist es genug! Und dann hat der Feind gewonnenes Spiel. Gewiß, es schmerzt, wenn in der Weise, wie Sie es mitteilen, die Liebe zurückgestoßen wird; aber die Liebe hat eben Schmerzen, das gehört zum Lammesweg. Wohl uns, wenn wir ihn in steter Selbstverleugnung pilgern, dann wird es auch einmal von uns heißen: Darum hat ihn auch Gott erhöht. Wer bereit ist, den Weg der Erniedrigung und Verkennung zu gehen, den wird Gott zur Herrlichkeit führen.«

Wurde Pfarrer Coerper persönlich angegriffen, so war er, wie jemand bei der Beerdigung sagte, wie ein Lamm, das zur Schlachtbank geführt wird und vor seinem Scherer verstummt und — ihn entwaffnet.

Pfarrer S. in K. erzählt: »Es war bei einer ernsten Bruderratssitzung eines großen Verbandes. Viele Brüder aus Deutschland waren versammelt. Ein hartes Ringen der Geister entstand, und dabei wurden die Gemüter so erregt, daß die Fenster geschlossen werden mußten. Einige Brüder überschütteten Pfarrer Coerper mit schweren Beleidigungen. Da meldete er sich zu Wort. Ich dachte, jetzt wird er ihnen heimzahlen. Er aber stand auf und sagte lächelnd: ›Liebe Brüder, ich habe euch alle lieb.‹ Da waren seine Widersacher entwaffnet. Er erschien mir an diesem Tag als einer, der wirklich dem Herrn Freude gemacht hatte und sich als echter Jünger Jesu Christi erwies.«

Der Weg wird steiler

Eine ungeheure Arbeitslast lag auf den Schultern des teuren Mannes. Dabei »gönnte er sich oft in zehn Jahren keine Ferien«. Er hatte nicht bloß das Steuerruder des ganzen Werkes in der Hand, er hatte auch Unterricht bei den Geschwistern, die ganze große Korrespondenz, und er reiste. Wieviel ist er hin und her in unserem Vaterland gereist, um bei Konferenzen und auf Missionsfesten das Wort des Lebens auszuteilen! »Können Sie denn schlafen«, so fragte ihn jemand, »wenn Sie jede Nacht in einem andern Bett sein müssen?« Er antwortete: »Ich schlafe immer in demselben Bett. Denn Gottes Wort sagt: Unter mir sind ewige Arme.«

Er hatte zudem jahrelang mit einem schwachen Magen zu tun. Er selbst hat darüber gesagt: »Ich habe seit Jahren nicht mehr aus dem Gefühl der Gesundheit und der Kraft arbeiten können, sondern nur in großer Schwachheit, aber doch aus der Kraft heraus, welche der Heiland mir täglich darreichte.«

Je älter er wurde, um so steiler wurde sein Weg. Sollen wir uns wundern? Es geht bei den Knechten Gottes nicht von Triumph zu Triumph. Der Lebensabend des Apostels Paulus war auch voller Nöte. In seinem Hirtenbrief an Timotheus klagt er: »Sie haben mich alle verlassen.« Pfarrer Coerper wurde an Menschen zuschanden, auf die er sein unbedingtes Vertrauen gesetzt hatte. Bei der Gedächtnisfeier sagte jemand: »Herr Pfarrer handelte nach dem Grundsatz: Ich darf einem Menschen erst mißtrauen und ihn erst dann für schlecht halten, wenn er wirklich bewiesen hat, daß er schlecht ist.«

Große Nöte bereiteten ihm Schwierigkeiten im Jugendbund für EC. Missionar Syring sagt: »Es war eine schwere Zeit; da hat er manchmal von einer Zwickmühle gesprochen, in der wir sitzen, und gefragt: Wie kommen wir durch? Das Ende war immer: Kommt, laßt uns beten! Man hätte es ihm gewünscht und gegönnt, daß die letzten Jahre seines Lebens leichter gewesen wären. Er konnte sagen: »Ein so schweres Jahr wie das letzte habe ich noch nie erlebt.« Vielleicht, menschlich gedacht, wäre er noch unter uns, hätte er nicht so schwere Lasten tragen müssen. Einer seiner Freunde im Dienst am Evangelium sagte zu ihm: »Lieber Bruder Coerper, um den Abend wird es licht sein.« Aber es wurde trüber und trüber und schwerer und schwerer. Aber nie ein Murren und Klagen, sondern immer die gleichen Worte: »Kommt, laßt uns beten!« Und immer hatte er noch zu danken dabei.

Dazu kamen auch Schwierigkeiten mit der Süddeutschen Vereinigung, die schließlich zu einer Trennung führten. Es gibt Auseinandersetzungen im Reiche Gottes, wo jeder von seinem Standpunkt aus recht hat und den andern im Unrecht sieht. Paulus und Barnabas kamen über dem Neffen des Barnabas, Markus, »scharf aneinander«. Wer hat recht? Wer hat unrecht? — Dann fahren Brüder auseinander, die eigentlich zusammengehören und einander liebhaben. Funken sprühen auf beiden Seiten. Das sind die ganz tiefen Reichsgottesschmerzen. Das Verhalten von Pfarrer Coerper wurde einer starken Kritik unterworfen. Aber einer, der mit dabei beteiligt war, hat nachher bei der Gedächtnisfeier bekannt: »Wer betet, kritisiert nicht, und wer kritisiert, betet nicht, d.h. unterläßt Fürbitte. Ich sage es mir zuerst und beuge mich darunter. Hätte ich und hätten wir alle in den kritischen Zeiten soviel gebetet wie kritisiert, wir hätten uns und unserm lieben Herrn Pfarrer viel Schmerzen erspart. Aber Pfarrer Coerper ließ sich nicht erbittern, kein Stachel blieb in seinem Herzen zurück, die brüderliche Liebe blieb unentwegt.«

Die Folge der Auseinandersetzungen mit der Süddeutschen Vereinigung war die Gründung des eigenen »Liebenzeller Gemeinschaftsverbandes«, an dessen Spitze Inspektor Heinsen trat (seit 1912 als Seminarlehrer im Missionswerk tätig).

Die Gemeinschaftspfleger und Schwestern der Süddeutschen Vereinigung kamen aber im Jahre 1934 mit dem Vorstand geschlossen zu Pfarrer Coerper, um ihrer alten Liebe Ausdruck zu geben und die Hand der Versöhnung zu reichen.

Schwer war es auch für ihn, daß seine beiden treuen Mitarbeiter, Pfarrer Kühn und Pfarrer Uhlig, ins Pfarramt zurückkehrten.[1]

Es darf freilich nicht verschwiegen werden, daß manche Schwierigkeiten im Werk auch mit der Eigenart von Pfarrer Coerper zusammenhingen, die andern zu tragen gab. Wir wandeln und handeln alle in Schranken.

Besonders schwer war es ihm, daß er keinen neuen Mitarbeiter finden konnte. Sein Kopf hatte viel mit Schwindel zu kämpfen, dem Anzeichen eines nahenden körperlichen Zusammenbruchs. Da kam er im Herbst 1933 bei Gelegenheit einer Missionskonferenz zu mir nach Elberfeld. Ich habe mich mit ihm zusammen nach Mitarbeitern umgesehen und Gänge für ihn gemacht; denn die Not des Werkes ging mir zu Herzen. Aber keiner konnte sich entschließen, in den Riß zu treten. Schließlich stellte er sich vor mich hin und sagte zu mir: »Willst du denn nicht kommen?« Da hörte ich eine Stimme : »Komm herüber und hilf uns!« Ich mußte folgen, ohne mit Fleisch und Blut mich zu befragen. Am Tage nach dem Weihnachtsfest kam dann der Schlaganfall. Das Steuer entsank seiner Hand. Am Weihnachtstag war seine letzte »Amtshandlung«, die Taufe eines Kindes von einem Mitarbeiter auf dem Missionsberg, das zugleich auch sein Patenkind wurde. Aber am 1. Januar war sein neuer Mitarbeiter zur Stelle und trat an seiner Statt an das Steuerruder. So hat der Herr seinen Knecht nicht im Stich gelassen, sondern hat in der Stunde der größten Verlegenheit ihm und dem Werke ausgeholfen.

[1] Im Jahre 1926 trat in den Kreis der Mitarbeiter Pfarrer Hertel ein.

Im Lehnstuhl

»Das Alter ist die schwerste Schule des Lebens«, so hat jemand gesagt. Denn wir gehen als Christen nicht in unserm Glauben immer mehr in die Höhe, sondern nach der Erziehungsweisheit Gottes gehen wir von Schule zu Schule immer tiefer hinab zur Bewährung des Glaubens. Und die Schulen werden nicht leichter, sondern für seine Auserwählten schwieriger. Aber die Treue Gottes bleibt in den Schulen dieselbe; er weiß seine Knechte auch in der Altersschule zu bewahren und zu vollenden. Es wurde Pfarrer Coerper nicht leicht, daß er seine Arbeit in andere Hände legen mußte. Denn er war mit seinem Lebenswerk und all den Menschen des Lebenswerkes auf das innigste verwachsen. Zwei Tage vor dem Schlaganfall hat er noch viele Briefchen aufs Missionsfeld und an andere geschrieben und hat überhaupt in den letzten Wochen und Tagen in seinen Schubladen geordnet, als ob er geahnt hätte, daß er nicht mehr viel Zeit zu verlieren hätte.

Es war ein rührendes Bild, wie er als gebrochener Mann im Lehnstuhl saß. Bei der Gedächtnisfeier hat einer daran erinnert, daß auf diesem Lehnstuhl die Worte gestickt waren: »Er sitzt zur Rechten Gottes.« Er fügte hinzu: »Da konnte sich der müde Rücken an den lehnen, der zur Rechten der Majestät Gottes erhöht ist.« An ihn hat er sich sein ganzes Leben lang gelehnt und nun auch in seinem Alter. Kein Wort der Klage oder der Bitterkeit kam über seine Lippen. Er blieb in der Stellung der Demut Gott gegenüber. Einmal sandte er einer Konferenz den Spruch: »Er führt alles herrlich hinaus.« Je und dann erschien er bei den Feiern im Werk und sagte noch ein kurzes Wort. Bei seiner Geburtstagsfeier im Jahre 1935 sprach er über das Wort: »Das Los ist mir gefallen aufs Liebliche; mir ist ein schön Erbteil geworden.« Bei dem kleinen Dankfestchen für die Erneuerung der Pilgerruhe sagte er, er bleibe noch immer ein Schüler seines Heilands und wolle lernen und müsse lernen bis zu seinem letzten Atemzug; dafür möchte er ein immer besseres Ohr bekommen.

In seinem Zeugendrang hat er auch je und dann vor großen Versammlungen noch ein kaum vernehmbares Wort gesagt und die Seelen gefragt, wer von ihnen es mit dem Heiland halten wolle und wer an das Wort des lebendigen Gottes glaube. Das alte Feuer brach immer wieder durch. Seine Freude waren die vielen Blumen, die treue Freundeshände ihm immer wieder in neuer Fülle zutrugen. Er erinnerte manchmal an das Wort: Er erquicket mich mit Blumen (Hld 2,5). — Seine liebsten Freunde waren die zart heranwachsenden Menschenblumen, seine geliebten Enkel. Wie hat er sich im Lehnstuhl und im Garten an ihnen ergötzt! Sein letztes Lächeln auf dieser Erde galt seinem jüngsten Enkelkind. In seiner »Praktischen Stunde« steht das Wort: »Ein Mensch, der keine Liebe zu Kindern hat, ist nicht geschickt zum Dienst im Reiche Gottes.« In der letzten Nummer von »Chinas Millionen« vor seinem Heimgang wurde gesagt: »Bethanien, früher ›Haus Sonnenschein‹ genannt, ist zum stillen Wallfahrtsort geworden, wo unser lieber früherer Leiter der Liebenzeller Mission, Pfarrer Coerper, mit seiner Gattin in der großen Geduldsschule der Altersschwachheit lebt. Wie viele Brüder und Schwestern und Freunde grüßen ihn täglich und bringen ihm dadurch eine Erquickung! Wir grüßen ihn auch an dieser Stelle. Der Herr trägt uns auf Adlersflügeln. Das ist kein poetisches, schönes Bild, sondern das ist eine erlebte Wirklichkeit: Ich will euch tragen bis ins Alter und bis ihr grau werdet; ich will es tun, ich will heben, tragen und erretten.«

Eine Schwester, die ihn pflegte, erzählt:

»Während der Zeit, da ich Herrn Pfarrer Coerper pflegte, durfte ich manches lernen, was mir unvergeßlich bleiben wird für mein ganzes Leben. ›Saget Dank allezeit für alles!‹ Über dieses Wort hörte ich ihn einige Male sprechen; zum erstenmal vor vielen Jahren in Holland, wo es sich mir so tief ins Herz einprägte, daß ich's nie mehr vergaß. — Jedoch mehr noch als die Auslegung dieses Wortes wurde mir das Ausleben desselben während der Zeit der Pflege. Nie, auch nicht ein einziges Mal, hörte ich eine Klage von seinen Lippen, nur allezeit und für jeden kleinsten Dienst ein ›Danke, liebes Kind‹. Ich war oft ganz beschämt, und manches Mal stieg die Bitte hinauf zum Herrn: ›Herr, schenke mir auch solch ein dankbares Herz und lehre mich danken allezeit für alles!‹ — Noch eine andere Lektion durfte ich an seinem Krankenbett lernen, die mir auch unauslöschlich im Herzen bleibt. Als ich einmal Herrn Pfarrer versorgt hatte und mich im Blick auf die viele Arbeit schnell von seinem Bett entfernen wollte mit den Worten: ›So, nun muß ich aber schaffen‹, da stellte Herr Pfarrer die Frage: ›Schaffen? — Können Sie schaffen? — Ich kann das nicht. Wissen Sie nicht, daß nur Gott schaffen kann? Denn: unser Gott ist im Himmel, er kann schaffen, was er will. — Wir können doch nur wirken und arbeiten, wenn Gott uns dazu Gnade gibt.‹ — Einmal merkte ich bei mir selbst, daß ich nicht die rechte Freudigkeit zum Beten hatte wie früher. Ich sprach diesen Kummer Herrn Pfarrer gegenüber aus. ›Ach‹, bekam ich die liebe Antwort, ›da weiß ich einen guten Rat, lernen Sie dieses kurze Sätzchen und handeln Sie danach: Gebetsunlust wird vertrieben durch Gebet!‹«

Heimgang

Zweieinhalb Jahre hat Pfarrer Coerper noch nach dem ersten Schlaganfall gelebt. Die hingebende Fürsorge von Dr. Eitel hat ihn durch das erste schwere Halbjahr hindurchgeleitet. Aber dann kamen immer wieder neue kleine Schlaganfälle, die die Lebenskräfte vollends brachen. Im Juni 1936, nach dem Missions- und Abordnungsfest, dem er noch in der Hauptversammlung beiwohnte, hat ihn seine Familie mit seiner Gattin, die noch rüstig war, zu seinen Kindern nach Lahr-Dinglingen gebracht. Frau Pfarrer Coerper schreibt darüber: »Es war eine schöne Zeit in Dinglingen, voll Sonnenschein.« So kam der 3. Juli, ein Freitag, heran; an ihm wiederholte sich der Schlaganfall. Doch von Samstag auf Sonntag hatte der Kranke wieder schlafen können und fühlte sich beim Erwachen wohler. Aber dann sanken die Kräfte zusehends und raubten alle Hoffnung auf Erhaltung des Lebens. Als sein Sohn Montagnacht an sein Bett trat, grüßte er ihn mit einem Lächeln. Er hat kaum mehr gesprochen, sondern fast nur geschlafen. Die Liebe der Seinen umringte ihn. Ein Gebet der Seinen bekräftigte er mit einem deutlichen »Amen, Amen«. Sie sangen dem Sterbenden noch den Vers:

O wie bald kannst du es machen,
Daß mit Lachen
Unser Mund erfüllet sei.
Du kannst durch des Todes Türen
Träumend führen
Und machst uns auf einmal frei.

Es war am Mittwoch, dem 8. Juli, nachmittags um halb drei Uhr, da sein Herz zu Gottes Herzen floh. — Treue Freundeshand hat sein Bild auf dem Totenbett festgehalten. Die Majestät des Todes und zugleich der Friede Gottes ruhen auf seinem Angesicht. Die Hände sind so edel gefaltet — die Hände, die sich im Leben so viel gefaltet haben.

Am Samstag, dem 11. Juli 1936, begleitete die Missionsgemeinde den müden Leib zur letzten Ruhestätte. Missionare und Brüder trugen den Sarg in die Stadtkirche von Bad Liebenzell. Die Gedächtnisfeier hielt der Verfasser dieses Buches über Epheser 1,3-7: »Der Segensstrom von oben im Leben des Heimgegangenen.« Er führte darin aus:

»Der Segensstrom von oben ist unendlich reich. Paulus drückt sich mit den Worten aus: ›Er hat uns gesegnet mit allerlei geistlichem Segen‹, d.h. mit jeder Art von geistlichem Segen. Kein Knecht des Herrn mißt den ganzen Segensstrom in Christus Jesus aus; jedem wird nur ein Teil dieses Segens offenbar. In der Reformation wurde die Rechtfertigung des Sünders allein aus Gnaden durch den Glauben in der Kirche wieder aufgedeckt. Wie ist seitdem dieser Segensstrom durch die Gemeinde Gottes hindurchgeflossen! Der Heimgegangene hatte aus dem Segensstrom besonders die Heiligung gefaßt. Er hat an den Heiligungsversammlungen in Keswick (England) teilgenommen und tiefe, bleibende Eindrücke dort empfangen. Er stand unter dem Einfluß der starken Glaubensmänner Georg Müller und Hudson Taylor. Er wollte in den Segensstrom möglichst tief hineinkommen. Im Propheten Hesekiel wird uns erzählt, wie der Prophet in den Strom, der aus dem Heiligtum Gottes entsprang, hineingeführt wurde. Zunächst ging das Wasser bis an die Knöchel, dann bis an die Knie, dann bis an die Lenden, und dann wurde es so tief, daß er sagte: ›Ich konnte nicht mehr Grund finden; denn das Wasser war zu hoch, daß man darüber schwimmen mußte und nicht gründen konnte.‹ Wenn wir den Heimgegangenen in seiner Verkündigung der Heiligung recht verstanden haben, dann wollte er seine Brüder und Schwestern möglichst tief in den Strom hineinziehen. Er hat in der Gemeinde Gottes so viel Gläubige gefunden, die nur bis an die Knöchel in den Strom gegangen waren, die gleichsam wasserscheu, das ist geistesscheu, geblieben sind und darum ohnmächtig und schwach und ohne Zeugenkraft in ihrer Umgebung standen. ›Kommt tiefer hinein!‹ rief er ihnen zu. Und wenn er seinen Mund jetzt auftun könnte, würde er es seinen Brüdern noch einmal bezeugen: ›Kommt tiefer hinein! Es ist mehr Gnade in dem Segensstrom für euch alle vorhanden, als ihr bis jetzt geglaubt habt.‹ So hat er manchen Mut gemacht, tiefer in den Strom hineinzutauchen, um in reicherem Maße ein Segensmensch in seiner Umgebung werden zu können, wie der Apostel sagt: ›Wir sollten sein heilig und unsträflich vor ihm in der Liebe.‹

Und nun steigen wir noch einmal hinauf zu dem Urquell all der Segnungen, die vom Throne Gottes und des Lammes auch in das Leben des Entschlafenen ausgegangen sind. Was wird es für den Heimgegangenen bedeuten, daß er nun, von all den irdischen Hemmungen befreit, ganz in den Segensstrom in Jesus Christus in der Ewigkeit untertauchen kann! Hier auf Erden tragen wir noch immer Hemmungen, die uns nicht in die volle Tiefe hineinkommen lassen. Aber wenn diese Hemmungen von uns genommen sind, dann werden wir ganz in den Segensstrom hineingetaucht, tiefer und immer tiefer bis in die Ewigkeit hinein, und das Wort des 126. Psalmes erfüllt sich an uns: Dann wird unser Mund voll Lachens und unsere Zunge voll Rühmens sein. O wir meinen es uns vorstellen zu können, wie der Mund des Heimgegangenen voll Lachens sein wird, wenn er die ganze Tiefe des Segensstromes durchmißt.

Und dann quillt aus unserem Herzen der volle Lobpreis immer klarer und heller: Gelobt sei Gott und der Vater unseres Herrn Jesus Christus, der uns gesegnet hat mit allerlei geistlichem Segen in himmlischen Gütern durch Christus. Amen.«

Darauf zog man auf den Gottesacker und bettete den teuren Toten unter den Liebenzeller Geschwistern. Viele Vertreter von Reichsgotteswerken sprachen noch ein kurzes Gruß- und Dankwort an seinem offenen Grabe aus. Die Feier schloß mit dem Jubelvers:

Gloria sei dir gesungen
Mit Menschen- und mit Engelzungen,
Mit Harfen und mit Zimbeln schön!
Von zwölf Perlen sind die Tore
An deiner Stadt; wir stehn im Chore
Der Engel hoch um deinen Thron.
Kein Aug' hat je gespürt.
Kein Ohr hat je gehört
Solche Freude.
Des jauchzen wir und singen dir
Das Halleluja für und für.

Eine Missionsfreundin hat über diesem Grab den Vers gedichtet:

Es ruhe in Frieden der greise Pastor,
Auf Liebenzells Berge!
Der geistliche Vater so vieler
Mög stille zur Ruhe nun gehn,
Ihm folgen seine Werke.
So manchesmal ward mir auch dort mein Herz erquickt,
Wenn ich sein liebreich, freundlich Angesicht erblickt,
Wenn lauschen durfte ich den Worten sein;
Die gingen tief, ja tief ins Herz hinein.
Da wurd' uns so warm, für die Heiden zu beten,
Daß Gott ihrer viel noch möge erretten.
Nur gehn konnt' ich nicht, die Kraft war zu klein;
Aber stille Beterin des Werkes durfte ich sein.
Er ruhe in Frieden! Auf Zions Höhn
Schenk uns der Herr einst ein Wiedersehn!

Was Pfarrer Coerper uns war

Was Pfarrer Coerper uns war, das hat an seinem Grabe unser ältester Missionar, Bruder Kampmann, mit den Worten ausgesprochen:

»Die Missionare und Missionarinnen der Liebenzeller Mission grüßen ihren geliebten Lehrer und Seelsorger. Unser entschlafener Bruder hat uns nicht nur auf der Schulbank des Missionshauses Unterweisung gegeben, sondern auch in seinen Briefen auf das ferne Missionsfeld hinaus. Manche seiner Briefe waren für uns die schwerwiegendste Post, in der wir nicht nur persönliche Anregung, sondern auch Unterweisung empfingen im Glauben an den Herrn und darin, wie wir unsere Arbeit fortzusetzen hatten. Die letzte Unterweisung, die mir sehr zu Herzen gegangen ist, war in der Geschwisterwoche vor einem Jahr. Da hatten wir an einem Vormittag sehr vieles verstandesmäßig behandelt. Dann stand unser greiser Missionsvater auf und sagte: ›Könnt ihr Kinder sein? — Kinder können glauben!‹ Welch ernste Lektion ist das für uns gewesen!

Wir grüßen heute den Missionsfreund und Missionsvater, indem wir Abschied von ihm nehmen. Sein brennendes Herz für die Reichssache unseres Gottes ist uns Vorbild und Antrieb gewesen, daß auch wir unser Leben der Mission geweiht haben, und wir haben es nicht zu bereuen gehabt. Im Gegenteil, in unseren Herzen brennt die Gesinnung: solange der Herr es will, wollen wir dienen in seinem Werk und in seinem Reich. — Und wie hat unser Missionsvater ein liebevolles Herz gehabt, daß er nicht nur des Werkes in seiner Gesamtheit gedachte, sondern er kannte viele der Christen draußen auch mit Namen und wußte ihre Lebensgeschichte. Wie lagen ihm unsere Kinder am Herzen, wie hat er auch ihrer freundlich gedacht!

Wir grüßen den Beter in unserm Werk. Ein Beter im

Reiche Gottes ist dahingegangen. Das heißt sehr viel in der heutigen Zeit, wo wir so viel Zersetzung finden. So manches, über das wir uns beugen müssen, was wir verkehrt angefaßt haben, hat sein Gebet gewendet; und ich bin überzeugt, daß seine Fürbitte manches in Ordnung gebracht hat. Laßt sie uns zu Herzen nehmen und seinem Beispiel folgen! Es war vor drei Jahren, während unserer letzten Liebenzeller Konferenz in Amerongen in Holland, dahin er jährlich zu kommen pflegte, um uns mit dem Wort zu dienen. Damals war er schon sehr müde, und sein Wort klang matt. Aber einer unserer Festredner sagte: ›Diese Nacht habe ich Bruder Coerper beten hören.‹ Dieser Konferenzredner wohnte im Zimmer nebenan, und beide konnten nicht schlafen. Aber da hörte er den Beter in unserm Werk. Wie ist sein Herz zu allen Lieben ausgegangen, zu den Verlorenen draußen und daheim, zu den Verwandten und Freunden und zu uns allen!

Und nun richten wir den Blick in die Zukunft und grüßen den Überwinder. Es ist mein Vorrecht gewesen, den Verewigten in seiner Krankheitszeit häufig zu besuchen. Wir haben dann nicht viel miteinander geredet; er ist stiller und stiller geworden. Aber wir haben gebetet, und es war mir eine besondere Freude, ihm jedesmal ein Lied zu singen. Der Schlußvers des letzten Liedes, das ich ihm gesungen habe, lautete:

So läßt mich der Herr trotz Winden
Und drohender Felsenwand
Die heimische Küste finden
Und ruhen am sichern Strand.
Jesus, mein Retter, leitet die Fahrt;
Auch in dem Wetter weiß ich,
Daß er mich bewahrt.

In diesem Glauben und in dieser Gesinnung ist unser Missionsvater still eingeschlafen und hat überwunden. Wir wollen von ihm lernen und ihm nacheifern in Treue.«

Andere werden es wieder anders aussprechen, was der Heimgegangene ihnen im Leben gewesen ist. Matthias Claudius sagt bei der Nachricht von dem Tode seines Vaters in einem Gedicht die Worte: »Sie haben einen guten Mann begraben, und mir war er mehr.« Damit sprechen sie aus: Jeder außerordentliche Mensch ist ein zartes Geheimnis, das keine Feder ganz beschreiben kann, sondern das man als einen unvergeßlichen Schatz tief im Herzen trägt. Und aufblickend zu ihrem Heiland werden sie noch einmal dem Herrn danken für alles, was der Entschlafene ihnen gegeben hat, und dann fortfahren: Und du, Herr, bist uns noch mehr!